# 古典文獻研究輯刊

## 三五編

潘美月・杜潔祥 主編

## 第28冊

### 《五燈拔萃》整理與研究（下）

王闓吉 著

國家圖書館出版品預行編目資料

《五燈拔萃》整理與研究（下）／王閏吉 著 -- 初版 -- 新北市：
花木蘭文化事業有限公司，2022〔民111〕
目 2+170 面；19×26 公分
（古典文獻研究輯刊 三五編；第 28 冊）
ISBN 978-626-344-130-9（精裝）
1.CST：五燈會元 2.CST：注釋
011.08                                                  111010334

ISBN-978-626-344-130-9

9 786263 441309

古典文獻研究輯刊
三五編　第二八冊                    ISBN：978-626-344-130-9

《五燈拔萃》整理與研究（下）

作　　者　王閏吉
主　　編　潘美月、杜潔祥
總 編 輯　杜潔祥
副總編輯　楊嘉樂
編輯主任　許郁翎
編　　輯　張雅淋、潘玟靜、劉子瑄　美術編輯　陳逸婷
出　　版　花木蘭文化事業有限公司
發 行 人　高小娟
聯絡地址　235 新北市中和區中安街七二號十三樓
　　　　　電話：02-2923-1455 ／傳真：02-2923-1452
網　　址　http://www.huamulan.tw 信箱 service@huamulans.com
印　　刷　普羅文化出版廣告事業
初　　版　2022 年 9 月
定　　價　三五編 39 冊（精裝）新台幣 98,000 元

# 《五燈拔萃》整理與研究(下)

王閏吉 著

# 目次

研　究　篇

# 第一章 《五燈會元》及其研究概況

## 第一節 關於《五燈會元》

### 一、題名與性質

「五燈會元」是一個主謂結構的短語,「五燈」指《景德傳燈錄》《天聖廣燈錄》《建中靖國續燈錄》《聯燈會要》《嘉泰普燈錄》等五部燈錄著作,「會元」即匯要、纂要。

燈,即燈明,梵語 dīpa,巴厘語同,音譯你播,本指於佛前供養或室內照明時所用之燈火。燈明可破暗為明,佛教因用以喻佛法。晉習鑿齒《與釋道安書》:「若慶雲東徂,摩尼回曜,一躡七寶之座,暫現明哲之燈。」又稱傳燈,唐·劉禹錫《送僧元暠東遊》詩:「傳燈已悟無為理,濡露猶懷罔極情。」傳燈,意即燈火相傳,以法傳人,輾轉不絕。故將記載禪宗歷代傳法機緣的著作傳燈錄或燈史,即專門記載歷代祖師承襲相傳的歷史,按照傳法世系編排,記錄禪師的行狀,機鋒、公案。正式的燈錄則出現於禪宗成立以後,以《祖堂集》為最古。帶燈錄性質的著作最早可追溯到南北朝時期,《祖堂集》之前的《寶林傳》《傳法寶紀》《楞伽師資記》和《歷代法寶記》等都是燈錄性質的著作。

「會元」二字,最早見於東漢張仲景《金匱要略·臟腑經絡先後病脈證》:「腠者,是三焦通會元真之處,為血氣所注;理者,是皮膚臟腑之紋理也。」但「會」上承「通」成詞,「元」下接「真」成詞。「通會」,即貫通融會,《漢語大詞典》例證太晚,是清鄭珍《〈郘亭詩抄〉序》。「元真」,應該指元氣真

氣,《漢語大詞典》未收。最遲在唐代「會元」已成詞,唐代吳兢《貞觀政要》:
「獨於統宗會元之地,乃無一語及之。」「統宗會元」是「統之有宗,會之有元」的省稱。出自三國魏王弼《周易略例‧明象》:「物無妄然,必由其理。統之有宗,會之有元,故繁而不亂,眾而不惑。」「元」,始也,即物之本源。所以,「會元」的意思,其實跟「通會元真」意思差不多,元氣真氣也是物之本源。《漢語大詞典》:「猶匯要、纂要。多用於書名。如《五燈會元》《近事會元》。」無疑也例證偏晚。

所以,「五燈會元」的意思就是,貫通融會《景德傳燈錄》《天聖廣燈錄》《建中靖國續燈錄》《聯燈會要》《嘉泰普燈錄》等五部燈錄著作的本源。可見,《五燈會元》並非簡單地將五部燈錄著作彙集在一起,而是將五部燈錄著作的根本性的宗教思想融會貫通。這個根本性的宗教思想,就是禪宗宗旨:教外別傳,不立文字,直指人心,見性成佛。

《五燈會元》的性質跟五部燈錄著作一樣,沒有改變。「五燈」的「內容層見疊出,諸多重複。《天聖廣燈錄》只是對《景德傳燈錄》的章次略作更易,人物、『機緣』語錄稍作擴充。《聯燈會要》是對《景德傳燈錄》《天聖廣燈錄》《建中靖國續燈錄》三書的綜括和補續。《嘉泰普燈錄》補葺《天聖廣燈錄》和《建中靖國續燈錄》所未錄的王侯士庶尼師言談,世次人物與《聯燈會要》稠疊。《五燈會元》合『五燈』為一書,敘錄簡要,遂除疊合之弊。『五燈』雖以記敘禪宗世系源流為宗旨,但單篇的諸方廣語、拈古、頌古、讚頌偈詩、銘記箴歌和其他雜著輯錄甚多。《五燈會元》括摘樞要,芟夷枝蔓,使『燈錄』更符合禪宗史書的性質。」〔註1〕《五燈會元》因此成為流傳最廣的燈錄著作,也是中國禪宗史上最著名的燈錄著作。

## 二、卷數及內容

「五燈」共 150 卷,《景德傳燈錄》《天聖廣燈錄》《建中靖國續燈錄》《聯燈會要》《嘉泰普燈錄》各 30 卷。《五燈會元》刪略合併為 20 卷,清《龍藏》析為 60 卷。

《五燈會元》主要內容包括:卷一、二是七佛、西天祖師、東土六祖以及四祖、五祖、六祖「旁出」法嗣等;卷三、四是六祖慧能法嗣南嶽懷讓,懷

〔註 1〕知識出版社編:《人間天書——宗教典籍舉要》,知識出版社,1989 年,第 116
～17 頁。

讓的五世法嗣；卷五、六是六祖慧能法嗣青原行思，行思的七世法嗣等；卷七、八是青原下二世至九世；卷九是南嶽系潙仰宗；卷十是青原系法眼宗潙仰宗；卷十一、十二是南嶽系臨濟宗；卷十三、十四是青原系曹洞宗；卷十五、十六是青原系雲門宗；卷十七、十八是臨濟宗黃龍派；卷十九、二十是臨濟宗楊歧派。內容記敘時間跨度涵蓋了中國禪宗發展的初期和鼎盛期，對禪宗的漸趨衰微也有所反映。收集禪宗世系及人物詳而有序，多錄禪機、禪語，內容十分豐富，號稱「『公案』之淵藪、禪學之大成」。

## 三、作者及成書時間

　　《五燈會元》的作者為大川普濟，為學界公認，也向無異議。但清末光緒年間，楊守敬從日本購得寶祐本《五燈會元》帶回國內，書中王墉的序很清楚地寫著：「今慧明首座萃五燈為一集，名曰《五燈會元》，便於觀覽。」寶祐本比元至正流行本刊刻更早，似乎可信度更高。故有專家認為《五燈會元》當為慧明。

　　其實，《五燈會元》的作者，準確地說，分別還是「五燈」作者，即《景德傳燈錄》作者北宋法眼宗道原，《天聖廣燈錄》作者北宋臨濟宗李遵勖，《建中靖國續燈錄》作者北宋雲門宗惟白，《聯燈會要》作者南宋臨濟宗悟明，《嘉泰普燈錄》南宋雲門宗正受。《五燈會元》是在這五部燈錄著作的基礎上改寫刪略和彙編，做編纂工作一般不會是一人之力，是多人通力合作的結果。《五燈會元》的編纂者也是多人。王墉序中除了說「慧明首座萃五燈為一集」外，還說「沈居士捐財鳩工，鋟梓於靈隱山，實大川老盧都寺贊成之」。而沈居士即沈淨明的題跋則說「謹就景德靈隱禪寺，命諸禪人，集成一書，名《五燈會元》，以便觀覽。爰竭己資，及慕同志，選工刻梓，用廣流通」。鑒於普濟在靈隱寺的地位，篇首題詞，非普濟不可。普濟題詞曰：「世尊拈花，如蟲禦木。迦葉微笑，偶爾成文。累他後代兒孫，一一聯芳續焰。大居士就文挑剔，亙千古光明燦爛。」顯然，普濟題詞就是禪宗宗旨，也是編纂《五燈會元》的原則。題詞還指出「大居士就文挑剔」，說明沈淨明居士功勞巨大。

　　由此可見，《五燈會元》作者有很多，包括大川普濟、沈淨明、慧明首座、靈隱寺諸禪人等，其中沈淨明是出資人和召集刻工的人，慧明首座帶領諸禪人具體負責文字編纂工作，大川普濟是「贊成」之人，「贊成」意思是助其成功。《三國志・魏志・劉放傳》：「帝曰：『曹爽可代宇不？』放資因贊

成之。」宋・司馬光《書田諫議碑陰》:「公稽古以監今,日有獻,月有納,以贊成咸平盛隆之治。」「贊成」之人是最關鍵的人物,可以說,普濟是《五燈會元》的總編,負責制定編纂通則的人。沈淨明,除了捐資人和召集刻工,還是「就文挑剔」之人,「挑剔」,即指點的意思。《朱子語類》卷七八:「某嘗欲作《書》說,竟不曾成,如制度之屬,之以疏文為本,若其他未穩處,更與挑剔,令分明,便得。」《五燈會元・黃山輪禪師法嗣・郢州桐泉禪師》:「『請師挑剔。』師曰:『攛鼓轉船頭,棹穿波裏月。』」「就文挑剔」似乎是逐句指點。所以沈淨明是真正的主編,而慧明只是執行主編,靈隱寺諸禪人是眾編輯。另國家圖書館所藏宋刻殘本書口下有刻工鄭恭、錢良、王昉、王錫、葉椿生。

因此,《五燈會元》是由普濟總編、沈淨明主編、慧明執行主編、靈隱寺諸禪人眾編輯、鄭恭、錢良、王昉、王錫、葉椿生眾刻工一千人組成的編輯委員會共同完成的。倘只署一人之名,署名普濟是正確的。

普濟(1179~1253),宋代僧。浙江四明奉化人,俗姓張,號大川。19歲入香林禪院出家,駐錫慶元府妙勝禪院、慶元府寶陀觀音禪寺、慶元府岳林大中禪寺、嘉興府報恩光孝禪寺、慶元府大慈名山教忠報國禪寺、紹興府蘭亭天章十方禪寺、臨安府淨慈報恩光孝禪寺、臨安府景德靈隱禪寺。弟子70餘人。著述除《五燈會元》20卷,還有《五燈會元目錄》2卷、《大川普濟禪師語錄》1卷。其事蹟見於《增集續傳燈錄》卷二、《大川普濟禪師語錄》卷一《靈隱大川禪師行狀》、《宗統編年》卷二五、《普陀列祖錄》卷一、《續傳燈錄》卷三五。

《景德傳燈錄》撰於宋景德元年(1004),《天聖廣燈錄》天聖七年(1029)獻於仁宗,《建中靖國續燈錄》書成於建中靖國元年(1101),《聯燈會要》編於淳熙十年(1183),嘉定十三年(1220),《嘉泰普燈錄》編成於嘉泰四年(1204)。「五燈」於1004年至1202年近200年間先後分別成書。《五燈會元》甲戌七年(1214)纂修(據《宗統編年》卷二五,《續藏經》第86冊),成書於宋理宗淳祐十二年(1252),一說紹定間(1228~1233)。

## 四、《五燈會元》版本

《五燈會元》的版本,馮國棟《〈五燈會元〉版本與流傳》〔註2〕與黃俊

〔註 2〕馮國棟:《〈五燈會元〉版本與流傳》,《宗教學研究》,2004年第4期。

銓《〈五燈會元〉版本再考》〔註3〕有詳盡考察，前者考察了宋寶祐本、貞治戊申和刻本、元至正刻本、明嘉靖辛酉刻本、明萬曆嘉興藏本、明崇禎曹學佺刻本、日本續藏經本、清龍藏本、長沙刻經處刻本等 9 個版本，後者考察了宋寶祐本、國家圖書館藏勞健題款宋刻本、國家圖書館五冊宋刻本、山東省博物館藏宋刻本、北京大學圖書館藏宋刻本、北京大學圖書館藏元至正刻本、明成化十年刻本、明萬曆釋明顯募刻本、嘉靖四十年所刻之徑山本、國家圖書館所藏明本兩種、《四庫全書》本、《清藏》本、《續藏經》本、中華書局蘇淵雷校勘本等 14 個版本。當然這還不算完全考察，如日本宮內十八冊殘本和 15 冊殘本、岸澤藏元刊本影印本、北大狩野明嘉靖刊本、駒大明續藏明萬曆徑山寂照庵本、駒大魯藏明崇禎 7 年序刊本、成簣藏明刊本、駒大藏清光緒 32 年跋刊本、成簣藏貞治 3 年五山板建仁寺宗應刊本、積翠藏貞治 5 年五山版本、內閣藏室町刊本等。中華書局蘇淵雷校勘本〔註4〕之後的，還有蔣宗福、李海霞白話全譯本〔註5〕、朱俊紅點校本〔註6〕、蘇澤恩編譯本〔註7〕、陳中瓊編注本〔註8〕等。

　　其實，《五燈會元》主要有宋寶祐元年（1253）和元至正二十四年（1364）兩個刻本，寶祐本在中國早佚失，清光緒初年始由日本傳歸，卷首有普濟題詞，王庸序，卷末還有寶祐元年武康沈淨明跋。流行的本子是元至正本，此版之刻由大沙門業海清公發起，故又稱業海清公重刻本，卷首有至正甲辰 24 年（1364）四年釋廷俊序。據瞿鏞《鐵琴銅劍樓藏宋元本書目》載「《五燈會元》二十卷元刊本　三、四卷末列助刊人姓氏，十六卷末有奉佛信人顧道珍書一行」。至正本《五燈會元》明末已經殘毀，今北京大學圖書館僅存十九、二十兩卷殘本。明嘉靖時徑山大慈上人發心重梓，而得以倖存下了。此為明嘉興續藏和清《龍藏》所本。

〔註3〕黃俊銓：《〈五燈會元〉版本再考》，見陳允吉主編：《佛經文學研究論集續編》，復旦大學出版社，2011 年，第 514～526 頁。

〔註4〕（宋）普濟著、蘇淵雷點校：《五燈會元》，北京：中華書局，1984 年。

〔註5〕普濟，蔣宗福、李海霞：《五燈會元：白話全譯》，重慶：西南師範大學出版社，1997 年。

〔註6〕（宋）普濟輯、朱俊紅點校，五燈會元 上〔M〕，海口：海南出版社，2011.10。

〔註7〕（宋）釋普濟輯錄、蘇澤恩編譯：《圖解五燈會元·白話精譯插圖本——禪宗語要，盡在五燈》〔M〕，濟南：山東美術出版社，2008 年。

〔註8〕（宋）普濟著、陳中瓊編注：《五燈會元》，吉林文史出版社，2004 年。

## 五、《五燈會元》語言文獻價值

　　自唐慧能開始，佛教完全中國化。唐宋時期的禪宗，不僅深入社會各階層，而且也越來越平民化，既打破了中國長期以來的儒家經典權威，也打破佛教宗教經典權威，完全用自己口語化的語言，傳經佈道，師徒相傳，記錄成書，成為了唐宋時期語言研究的重要文獻資料。方言口語，是唐宋禪宗著作的顯著特點，突出地反映了唐宋時期生產生活特色。

　　禪宗語錄是主要記錄祖師言教的語錄、禪史、燈錄著作，用完全中國化的禪宗典籍取代外來翻譯的佛教經典，是中國佛教自主發展的偉大成果，具有十分重大的價值、非常重要的意義和特別深遠的影響。僅就語言範疇來說，唐宋禪宗語錄是研究唐宋時代的語言極為重要的、不容忽視的文獻，是唐宋時期語言研究的重要原始語言資料。主要的作品有《祖堂集》《景德傳燈錄》《五燈會元》等，但由於《祖堂集》在中國早就散佚，《景德傳燈錄》只是「五燈」之一，南宋僧人普濟編撰的《五燈會元》無疑是眾多唐宋禪宗文獻中最為重要的語言文獻。《五燈會元》記錄了 1200 多位元禪師的言行事蹟，不僅匯纂了兩宋時代五部重要的燈錄，搜集整理的禪宗世系更加詳盡，也更加清晰有序，而且「五燈」最精彩的地方，在《五燈會元》中都有保留，同時《五燈會元》又重點突出公案、機緣語句，所以可讀性強、文學價值也高。《四庫全書總目》稱「是書刪掇精英，去其冗雜，敘錄較為簡要，雖機緣語句悉見採撅。而其考論宗系，分篇臚列，於釋氏之源流本末，亦指掌了然」。《五燈會元》淳樸自然、俚俗平實，口語色彩濃厚，新詞新義層出不窮，對研究唐宋時代的語言極有價值，是近代漢語極為重要的語言文獻。

# 第二節　《五燈會元》語言研究綜述

　　《五燈會元》撰成之初影響並不十分廣泛。方回（1227～1305）詩：「愛僧予尤愛詩僧，千偈萬頌傳五燈。寒山拾得兩奇絕，妙壓神秀盧慧能。」（《寄題暢上人文溪別業詩》）並非說《五燈會元》已經廣為流傳、家喻戶曉。因為這裏的「五燈」不一定就是指《五燈會元》。

　　《五燈會元》編成後，南宋咸淳六年（1270）釋本覺撰《釋氏通鑒》，林泉從倫（1223～？）撰《林泉老人評唱投子青和尚頌古空谷集》，成書於元代世祖至元三十年（1293）左右高麗的《禪門寶藏錄》，南宋淳熙二年（1175）

釋法應編、元延祐五年（1318）釋普會續集《禪宗頌古聯珠通集》，約成書於元至正初（1341）釋覺岸等所編《釋氏稽古略》等，對《五燈會元》都有引用。宋釋道璨（1213～1272）所撰《柳塘外集》卷三《宗門會要序》，還提到《宗門會要》一書，「根以《統要》，參一《五燈》」，也參考了《五燈會元》。元明之後，《五燈會元》流行越來越廣，出現了明淨柱《五燈會元續略》8 卷、明通容《五燈嚴統》25 卷、明文繡《五燈會元補遺》1 卷、明通容撰《五燈嚴統解惑編》1 卷，明通容撰、清超永編輯《五燈全書》120 卷等續作。

　　丁福保是中國現代較早對《五燈會元》語言有所研究的學者，他花費八年的時間，於 1919 年完成了《佛學大辭典》的編撰，1922 年正式出版。《佛學大辭典》收詞包括佛教各種專門名詞、術語、典故、典籍、專著、名僧、史蹟等等，其中引用《五燈會元》91 處，解釋了「逍遙自在」「通身手眼」「桶底脫」「師兄」「曉了」「落湯螃蟹」「半斤八兩」「平等」「赤灑灑」「自作自受」「三日耳聾」「放下」「波俏」「沒巴鼻」等唐宋方俗語詞。

　　胡適對禪宗史研究的成果頗多，安徽教育出版社 2003 出版的《胡適全集》44 卷引《五燈會元》110 處。1959 年 12 月 14 日夜胡適覆信入矢義高，考釋了「無事甲」即無用的盔甲，是當時一種俗語，罵人如龜鱉那樣把頭縮在甲殼裏，一切不管〔註9〕。「無事甲」也見於《五燈會元》。

　　錢鍾書對唐宋禪錄俗語也頗有研究，其 1960～1970 年代寫作的古文筆記體著作《管錐編》大量引用了唐宋禪錄，引用《五燈會元》都 100 多處，提及或考釋了諸如「覷」「生」「仇家」「生飯」「惡發」「故紙」「一人傳虛，萬人傳實」「胡言漢語」「因風吹火」「伎倆有窮」「鬼家活計」「七子成行」「隔靴搔癢」「不可思議」「龜毛兔角」「狸奴白牯」「著衣吃飯」「屙屎放尿」「磨磚作鏡」「嗔拳不打笑面」「前是萬丈洪崖，後是虎狼獅子」「大海從魚躍，長空任鳥飛」「三歲孩兒雖道得，八十老人行不得」「若解捉老鼠，不在五白貓」「銀碗盛雪，明月藏鷺」「竹來眼裏，眼到竹邊」「至道無難，唯嫌揀擇」「夏天赤骨力，冬寒須得被」「青青翠竹，總是法身，鬱鬱黃花，無非般若」等《五燈會元》俗語和諺語。

　　著名學者陳寅恪、芮逸夫、侯外廬、蒙默、方立天、楊曾文、潘重規、饒宗頤、鄧文寬、郭朋等論著中也有不少涉及《五燈會元》詞語釋義問題。

---

〔註9〕胡適：《胡適全集》（第 26 卷），合肥：安徽教育出版社，2003 年，第 376～
　　　378 頁。

　　詞語匯釋方面的著作，較早的有 20 世紀 50 年代中華書局先後出版的張相的《詩詞曲語辭彙釋》和蔣禮鴻的《敦煌變文字義通釋》。《詩詞曲語辭彙釋》看起來與《五燈會元》無關，其實其所釋方俗語詞，什九見於《五燈會元》，如「巴鼻」「抵死」「與麼」「坐斷」「可中」「匹似」「圈圓」「怎生」「作麼」「早晚」「巴鼻」等，還有些釋詞，如「須」「與麼」「都盧」「唧嚼」等引用《五燈會元》。《敦煌變文字義通釋》是唐五代的口語詞彙考釋的經典著作，其所釋詞也多見於禪籍，引用《五燈會元》也更為常見，如「墮負」「商量」「齷齪、懭懭」「露柱」等引用《五燈會元》。

　　兩部佛緣俗語詞典，一部是中國佛教文化研究所編的《俗語佛源》〔註 10〕，另一部是孫維張主編的《佛源語詞詞典》〔註 11〕。《俗語佛源》從日常口語以及文、史、哲著作中收集了 600 餘條來自佛教經典詞語，說是「佛源」，其中大部分是來自禪宗著作，其中引自《五燈會元》的 67 條，如：

安心／放下／面壁／哪吒／婆心／捨身／心地／印可／見閻王／開眼界／門外漢／獅子吼／十八變／野狐禪／鑽故紙／安身立命／不可思議／癡人說夢／打成一片／大千世界／單槍匹馬／當頭棒喝／刀山劍樹／逢場作戲／佛口蛇心／隔靴搔癢／灰頭土面／火燒眉毛／家賊難防／見兔放鷹／截斷眾流／看風使帆／枯木逢春／迷頭認影／泥牛入海／拋磚引玉／七顛八倒／漆桶底脫／千差萬別／森羅萬象／捨身求法／十字街頭／手忙腳亂／水乳交融／鐵樹開花／拖泥帶水／頑石點頭／唯我獨尊／現身說法／逍遙自在／搖頭擺尾／一刀兩斷／一絲不掛／應病與藥／有口皆碑／指東話西／豎起脊樑骨／掛羊頭，賣狗肉／新婦騎驢阿家牽／冤有頭，債有主／放下屠刀，立地成佛／見怪不怪，其怪自敗／人平不語，水準不流／一人傳虛，萬人傳實／一日不作，一日不食／早知今日，悔不當初／一日被蛇咬，十年怕井繩

　　《佛源語詞詞典》收錄來自漢譯佛經及佛家燈錄的熟語性的口語俗語 3000 餘條，其中很大部分引自唐宋時期的禪宗語錄。其中引用《五燈會元》878 條，如：

---

〔註 10〕中國佛教文化研究所編：《俗語佛源》，上海：上海人民出版社，1993 年。

〔註 11〕孫維張主編：《佛源語詞詞典》，北京：語文出版社，2007 年。

唵／寶／嗤／慧／僧／愛情／愛心／安靜／庵主／伴侶／榜樣／本色／鼻孔／畢竟／壁觀／扁擔／變相／變異／波瀾／播種／草木／茶爐／禪寂／禪門／禪那／禪宗／鋤頭／大千／點染／爹爹／肚皮／度世／放下／分曉／佛事／佛子／伽藍／葛藤／骨頭／行者／話頭／活路／機緣／家風／家活／間斷／解悟／金剛／進步／境界／句子／絕對／苦行／苦行／臘八／領悟／蘿蔔／落髮／懵懂／夢境／腦門／牛奶／披剃／皮袋／皮膚／貧僧／平等／平坦／叵測／菩薩／菩提／奇特／氣派／氣息／氣象／契會／契悟／遷流／前緣／親切／取得／全體／人身／容易／如來／入定／入滅／三寸／色身／色相／沙界／沙門／沙彌／山僧／上乘／上齶／上級／舌頭／舍利／身心／神通／生機／師姑／師兄／十方／時機／實相／實在／示寂／世人／世俗／侍奉／侍者／酥酪／所說／醍醐／體悟／天王／挑剔／透脫／退步／外道／問訊／無常／西天／洗塵／顯現／相貌／消停／心地／懸殊／巡禮／鹽醬／搖籃／一味／遊方／有染／緣起／長處／招手／振錫／執著／智光／咒術／主持／轉業／宗風／宗教／宗門／宗要／宗旨／作家／安樂地／安樂國／大乘禪／刀斧痕／獨木橋／榦麵杖／乾屎橛／鬼見愁／行腳僧／脊樑骨／戒定慧／瞌睡漢／孔遼天／老躁胡／冷颼颼／沒交涉／門外漢／明眼人／菩提樹／乾坤眼／水枯牛／水中月／說大話／天人師／萬年松／野狐禪／野狐精／一味禪／祖師禪／鑽故紙／八大龍王／八面玲瓏／白玉無瑕／百步穿楊／百了千當／百丈野狐／半斤八兩／半夜三更／抱贓叫屈／本來面目／閉門造車／碧眼胡人／壁立千仞／別無道理／別有用心／波騰鼎沸／博覽群書／不沉不浮／不出不入／不假言說／不覺不知／不可名目／不可思議／不來不去／不立文字／不令而行／不露鋒芒／不通人情／不鹹不淡／步步登高／殘羹餿飯／藏頭露角／草草匆匆／豺狼虎豹／成家立業／成群作隊／癡人說夢／抽釘拔楔／醜拙不堪／臭肉來蠅／出生離死／床上安床／吹大法螺／春寒料峭／春去秋來／春夏秋冬／刺血濟饑／聰明靈利／寸步不移／寸絲不掛／達摩面壁／打草驚蛇／打成一片／大有人在／擔雪填井／單刀直入／當頭棒喝／刀耕火種／的的之言／

點金成鐵／電光石火／丁丁東東／頂天立地／東語西話／抖擻精
神／斗轉裏移／獨具隻眼／對牛彈琴／屙屎送尿／娥眉皓齒／耳
聞目睹／法網無邊／風流公子／逢場作戲／佛法大意／佛頭放糞
／拂袖而去／俘囚長智／俯仰屈伸／肝膽俱裂／感天動地／千差
萬別／歌舞昇平／隔靴搔癢／亙古亙今／鉤深索隱／辜負平生／
鼓唇搖舌／觀山玩水／光前絕後／閨閣中物／過目成誦／呵佛罵
祖／橫眠豎臥／橫三豎四／呼晝作夜／胡言漢語／虎嘯龍吟／互
相攻擊／花紅柳綠／黃河九曲／恍恍惚惚／灰飛煙滅／火燒眉毛
／禍不單行／禍出私門／饑不擇食／饑餐渴飲／極樂世界／家常
茶飯／家賊難防／緘口無言／劍樹刀山／鑒貌辨色／箭不虛發／
將長補短／腳前腳後／腳手忙亂／腳眼點地／教外別傳／街頭巷
尾／截斷眾流／金雞報曉／進退不得／經冬過夏／九年面壁／居
無長物／開方便門／口能招禍／口是禍門／狼啼虎嘯／禮防君子
／龍肝鳳髓／龍頭蛇尾／驢唇馬嘴／驢前馬後／驢屎馬糞／驢胎
馬腹／綠水青山／滿目青山／門裏出身／彌天大過／面壁而坐／
名不虛傳／名聞遐邇／泥多佛大／泥牛木馬／泥牛入海／拈花微
笑／弄巧成拙／拋磚引玉／披枷帶鎖／披毛戴角／匹馬單槍／平
湖秋月／蒲花柳絮／普化驢鳴／七顛八倒／七零八落／七手八腳
／七縱八橫／騎驢覓驢／騎牛歸家／起居萬福／氣衝牛斗／棄本
逐末／千般計較／千家萬戶／千了百當／千奇百怪／千山萬水／
千說萬說／千疑萬慮／牽犁拽耙／前之未聞／乾坤獨步／敲骨取
髓／青山綠水／晴天霹靂／傾腸倒腹／清淨無為／清涼世界／清
平世界／秋去冬來／屈己推人／人間天上／忍俊不禁／日出冰消
／日月星辰／肉身菩薩／如是我聞／如形隨形／入山學道／入聖
超凡／入室弟子／撒屎撒尿／塞耳偷鈴／三日耳聾／三三兩兩／
三頭六臂／色即是空／森羅萬象／殺人放火／山川大地／山青水
綠／善不從惡／善財童子／上行下效／上來下去／蛇頭蠍尾／捨
己求人／身心俱定／深耕淺種／生老病死／生男育女／生身父母
／十方剎海／十字街頭／石火電光／石人點頭／時不待人／識心
見性／事不獲已／事理不二／是是非非／手忙腳亂／手舞足蹈／
樹高招風／誰人似我／誰是誰非／水到渠成／水泄不通／水長船

高／順水放船／說黃道黑／說長說短／四大本空／四腳著地／沂
流而上／隨波逐浪／隨其所宜／踢倒淨瓶／體竭形銷／天崩地陷
／天地懸殊／天高地闊／天花亂墜／天機漏泄／天魔外道／天南
海北／鐵打心肝／通身手眼／通幽洞微／頭白齒黃／頭上安頭／
土雞瓦犬／拖泥帶水／瓦石土木／剜肉作瘡／頑石點頭／萬里無
雲／萬無失一／隈刀避箭／隈山傍水／唯我獨尊／未言而喻／甕
中捉鱉／烏飛兔走／無礙之辯／無地以容／無風起浪／無量壽佛
／無時無節／無所不備／無所用心／無言可對／無有是處／無頭
無尾／無星秤子／入鄉隨俗／五湖四海／物以類聚／弦急即斷／
現身說法／鄉關萬里／逍遙自在／心肝五臟／心融神會／信手拈
來／喧天動地／雪上加霜／掩耳偷鈴／眼不見鼻／眼中著屑／雁
過留聲／揚聲止響／羊腸鳥道／搖頭擺尾／杳無消息／葉落歸根
／一刀兩斷／一得一失／一個半個／一絲不掛／一葦渡江／一問
一答／一言半句／一粥一飯／衣內忘珠／意不在言／影響相隨／
應時應節／遊山玩水／有山有水／有頭無尾／魚目混珠／雨似傾
盆／鬱鬱黃花／預搔待癢／雲愁霧慘／輾轉相承／張弓架箭／長
生不死／長物不留／著衣吃飯／正法眼藏／隻履西歸／指東畫西
／咫尺之間／眾星攢月／磚頭瓦片／子承父業／子丑寅卯／自取
其禍／自由自在／罪不重科／作牛作馬／作死馬醫／作賊心虛／
棒打不回頭／抱橋柱澡洗／本來無一物／鼻孔無半邊／不值半分
錢／春來草自青／丹霞燒木佛／地肥茄子嫩／對面不相識／惡虎
不食子／好事不如無／黃泉無老少／家醜不外揚／家富小兒嬌／
嚼飯喂小兒／腳且不點地／腳瘦草鞋寬／金木水火土／九九八十
一／臘月裏蓮花／六耳不同謀／驢馬不同途／女大十八變／貧兒
思舊債／入水見長人／殺人不用刀／殺人不眨眼／善人無噁心／
深山藏獨虎／十萬八千里／十語九不中／死水不藏龍／灘峻不留
船／同床各做夢／無行亦無止／蝦跳不出斗／相逢不相識／心病
最難醫／眼不見為淨／燕雀不離窠／夜行莫踏白／有花當面貼／
賊過後張弓／賊去後關門／緇素要分明／自是者不長／八字沒有
一撇／從娘肚裏出來／多虛不如少實／還我本來面目／畫餅不可
充饑／見面不如聞名／面赤不如語直／騎虎頭把虎尾／千斜不如

一直／前言不及後語／三人證龜成鱉／聞名不如見面／焰爐不藏
蟻蚋／養子方知父慈／遠親不如近鄰／遠聞不如近見／八兩移來
作半斤／八兩元來是半斤／八十老婆不言嫁／八十婆婆不妝梳／
百尺竿頭須進步／得饒人處且饒人／河裏失錢河裏找／花落花開
自有時／禍不入慎家之門／家家有路通長安／開宗明義章第一／
路上行人口似碑／賣金須是買金人／賣鞋老婆腳趲趄／美食不中
飽人吃／弄潮須是弄潮人／拋卻真金拾瓦礫／人逢好事精神爽／
三腳蝦蟆跳上天／山高不礙白雲飛／獅子窟中無異獸／十個指頭
八個丫／水淺不是泊船處／泰山廟裏賣紙錢／貼肉汗衫脫不去／
通身是口難分雪／文墨胸中一點無／一家有事百家忙／一口吸盡
西江水／丈夫自有衝天志／著衣吃飯量家道／自愛貪杯惜醉人／
左手得來右手用／拆東籬，補西壁／春不耕，秋無望／ 冬不寒，臘
後看／上拄天，下拄地／頭不梳，面不洗／一不做，二不休／一是
一，二是二／冤有頭，債有主／癡人面前不得說夢／快人一言快馬
一鞭／真人面前不說假話／新婦騎驢，阿家牽／閉門造車，出門合
轍／兵隨印轉，將隨符行／捕得老鼠，打破油甕／朝看東南，暮看
西北／車不橫推，理不曲斷／吃醋知酸，吃鹽知鹹／床窄先臥，粥
稀後坐／春風如刀，春雨如膏／春生夏長，秋落冬枯／春生夏長，
秋收冬藏／大用現前，不存軌則／大智非明，真空無跡／擔板漢一
一但見一面／得人一牛，還人一馬／東行買賤，西行賣貴／東家點
燈，西家暗坐／東家點燈，西家覓油／冬即言寒，夏即道熱／動弦
別曲，葉落知秋／惡不從善，善不從惡／宮中有晌，痛處著錐／官
不容針，私通車馬／含血噴人，先汙其口／寒便向火，熱即搖扇／
寒灰再焰，枯木重榮／毫釐有差，天地懸隔／畫龍看頭，畫蛇看尾
／饑來吃飯，困來即眠／雞啼曉月，狗吠枯椿／家無小使，不成君
子／見怪不怪，其怪自壞／見兔放鷹，遇獐發箭／將頭不猛，帶累
三軍／借事明心，附物顯理／金屑雖貴，落眼成翳／君於愛財，取
之以道／龍叫清潭，波瀾自肅／龍蛇易辨，衲子難謾／龍生龍子，
鳳生鳳兒／龍吟霧起，虎嘯風生／魯般門下，徒施巧妙／路見不平，
拔劍相為／驢事未去，馬事到來／男大須婚，女長須嫁／南方水闊，
北地風多／南山起雲，北山下雨／南頭買賤，北頭賣貴／腦後見腮，

莫與往來／逆風舉棹，誰是好手／捧飯稱饑，臨河叫渴／氣如白虹，貫乎天地／前言不搆，後語難追／巧匠施工，不露斤斧／親者不問，問者不親／窮微喪本，體妙失宗／人將語試，金將火試／人貧智短，馬瘦毛長／人平不語，水準不流／人身難得，正法難聞／人心難滿，溪壑易填／日出東方，月落西山／日下孤燈，果然失照／肉重千斤，智無銖兩／如龍得水，似虎靠山／如盲摸象，各說異端／儒士相逢，握鞭回首／若不下水，焉知有魚／三人同行，必有一智／殺人可恕，無理難容／上天無璐，入地無門／上無片瓦，下無卓錐／獅子咬人，韓獹逐塊／事官千日，失在一朝／水來河漲，風來樹動／水淺無魚，徒勞下釣／說妙談玄，終掛唇齒／素非良馬，何勞鞭影／談玄說妙，撒屎撒尿／體能生智，智慧達體／天不能覆，地不能載／天地同根，萬物一體／天離莫測，地厚寧知／鐵樹開花，雄雞生卵／聽事不真，喚鐘作甕／頭上是天，腳下是地／土曠人稀，相逢者少／無事不形，無言不顯／細不通風，大通車馬／心不負人，面無慚色／心隨境現，境逐心生／性海無波，金波自湧／虛空走馬，旱地行船／續鳧截鶴，夷嶽盈壑／啞子得夢——向誰說／言不再舉，令不重行／言中有響，句裏藏鋒／眼不自見，刀不自割／羊羹雖美，眾口難調／颺下屠刀，立地成佛／野狐吞老鼠——快活／夜靜月明，水清魚現／一人傳虛，萬人傳實／一日不作，一日不食／一失人身，萬劫不復／一言合轍，千里同風／一翳在眼，空花亂墜／一語傷人，千刀攪腹／因風吹火，用力不多／因齋慶贊，去留自在／有禮可恕，無禮難容／有馬騎馬，無馬步行／魚行水濁，鳥飛毛落／魚騰碧漢，階級難飛／雨過山青，雲開月白／欲行千里，一步為初／遇茶吃茶，遇飯吃飯／遇方即方，遇圓即圓／遇貴即賤，遇賤即貴／雲生洞口，水出離原／熨斗煎茶——不同銚／賊來須打，客來須看／賊是小人，智過君子／真不掩假，曲不藏直／鳩鳥落水，魚鱉皆死／眾手淘金，誰是得者／矮子看戲——隨人上下／寸丁入木，九牛拽不出／貴買賤賣——分文不值／蠟人向火——薄處先穿／落湯螃蟹——手忙腳亂／夢幻空花——徒勞把捉／盤裏明珠——不撥自轉／日落投孤店——道中人／屎裏蛆兒——頭出頭沒／順水放船——不勞心力／無星秤子——不辨斤兩／無星砰子——有什辨處／相

罵無好言相打無好拳／徐六擔板——只見一邊／雪覆蘆花——通
身莫辯／鴉啄鐵牛——無下口處／鴨吞螺螄——眼睛突出／一九
二九，相逢不出手／玉犬夜行——不知天曉／眾盲摸象——各說異
端／百川眾流，莫不朝宗於海／抱橋柱澡洗——放手不得／不是弄
潮人，休入洪波裏／布袋裏老鴉——雖活如死／草深多野鹿，岩高
獬豸稀／朝霞不出門，暮霞行千里／塵中人自老，天際月常明／赤
腳人趁兔，著靴人吃肉／打動南山鼓，唱起北山歌／大海從魚躍，
長空任鳥飛／大海若知足，百川應倒流／但知冰是水，休問水成冰
／但知行好事，不用問前程／但自不亡羊，何須泣歧路／登山須到
頂，入海須到底／東家杓柄長，西家杓柄短／惡人無善念，善人無
噁心／富貴多賓客，貧窮絕往還／富嫌千口少，貧恨一身多／甘草
自來甜，黃連依舊苦／鋼刀且利，不斬無罪之人／孤峰無宿客，灘
峻不留船／海島龍多隱，茅茨鳳不棲／寒蟬抱枯木，泣盡不回頭／
寒來火畔坐，熱向澗邊行／好事不出門，惡事傳千里／狐非獅子類，
燈非日月明／家貧猶自可，路貧愁殺人／將謂鬍鬚赤，更有赤鬚胡
／蟭螟雖脫殼，不免抱寒枝／教休不肯休，直待雨淋頭／來說是非
者，便是是非人／鳥棲林麓易，人出是非難／千說萬說，不如親見
一面／秋來黃葉落，春來草自青／人從橋上過，橋流水不流／日照
光明生，風來波浪起／三九二十七，籬頭吹觱栗／三日不相見，莫
作舊時看／獅子未出窟——爪牙已露／世亂奴欺主，年衰鬼弄人／
是星皆拱北，無水不朝東／水凍魚行澀，林疏鳥宿難／水流元在海，
月落不離天／貪他一粒粟，失卻半年糧／天晴不肯去，直待雨淋頭
／王婆衫子短，李四帽簷長／網大難為鳥，綸稠始得魚／為人須為
徹，殺人須見血／謂言侵早起，更有夜行人／五更侵早起；更有夜
行人／新月有圓夜，人心無滿時／休將三寸燭，擬比太陽輝／啞子
吃苦瓜——默默相應／啞子吃蜜——知有道不得／一度著蛇咬，怕
見斷井索／一顆老鼠屎，弄壞一鍋湯／一字入公門，九牛車不出／
衣穿瘦骨露，屋破看星眠／移舟諳水脈，舉棹別波瀾／易開終始口，
難保歲寒心／有虎鴉須噪，無人鳥不驚／有錢千里通，無錢隔壁聾
／有心江上住，不怕浪淘沙／魚躍千江水，龍騰萬里雲／早知燈是
火，飯熟已多時／只見波瀾起，不測洞庭深／只見錐頭利，不見鑿

頭方／芭蕉聞聞雷開，葵花隨日轉／布袋裏盛錐子——快者先出／
大蟲裏紙帽——好笑又驚人／金風吹玉管——哪個是知音／千鈞
之弩，不為鼮鼠而發機／三十年弄馬騎。今日被驢撲／蚊子上鐵牛
——無你下嘴處／一人在十字街頭，亦無向背／渾身不值五文錢——
——太貧寒生／急水上打毬子——念念不停留／堪作梁的作梁，堪作
柱的作柱／去年貧未是貧，今年貧始是貧／入市烏龜——得縮頭時
且縮頭／上無片瓦蓋頭，下無寸土立足／眼裏著沙不得，耳裏著水
不得／遇文王興禮樂，逢桀紂逞干戈／潘閬倒騎驢——不願見這畜
生面／不是一番寒徹骨，那得梅花撲鼻香／愁人莫向憨人說，說向
愁人愁殺人／東庵每見西庵雪，下澗長流上澗泉／逢人只可三分
語，未可全抛一片心／劍為不平離寶匣，藥因救病出金瓶／可憐無
限弄潮人，畢竟還落潮中死／龍生龍，風生鳳，老鼠養兒沿屋棟／
路逢劍客須呈劍，不是詩人不獻詩／日出方知天下朗，無油那點佛
前燈／水底金烏天上日，眼中瞳子面前人／水中魚，天上鳥，高可
射兮深可釣／太平本是將軍致，不許將軍見太平／天靜不知雲去
處，地寒留得雪多時／天上有星皆拱北，人間無水不朝東／蟻子解
尋腥處走，蒼蠅偏向臭邊飛／有意氣時添意氣，不風流處也風流／
雨後始知山色翠，事難方見丈夫心／斬蛇須是斬蛇手，燒金須是燒
金人／八十老（翁）入場屋——不是小兒嬉

　袁賓《禪宗詞典》〔註12〕和袁賓、康健主編的《禪宗大詞典》〔註13〕，
這是中國目前僅有的兩部禪宗方面的專門詞典，主要收錄收錄中國禪宗文獻
裏的重要或常見詞語包括術語、行業語、典故語、成語、口語詞、俗諺語，兼
收重要的中國禪宗人物、寺院、塔、山和典籍。前者共收詞目 6400 餘條，後
者是前者的修訂和增補，共收詞目 7972 條，增補條目 1500 餘條。除掉人物
詞目 1922 條、禪寺、禪塔、禪山詞目 552 條、典籍詞目 380 條，共有語文詞
條 5118 條，占總詞目的 64%。這些語文詞條大部分都在唐宋時期，詞典引用
《五燈會元》1591 處，如：

　　阿／庵／把／本／弇／參／草／差／胡／剗／常／徹／趁／
　　成／承／持／觸／噇／湊／毳／搭／打／但／得／鈍／發／翻／

〔註12〕袁賓：《禪宗詞典》，武漢：湖北人民出版社，1994 年。
〔註13〕袁賓、康健：《禪宗大詞典》，武漢：崇文書局，2010 年。

放／個／根／共／還／漢／合／忽／話／會／寂／洎／偈／家／
教／較／劫／舉／決／勘／看／來／攔／郎／例／撩／領／流／
論／密／邈／滅／名／摩／莫／尼／擬／你／辮／破／撲／普／
乞／契／且／屈／渠／取／卻／殺／始／是／疏／嗣／塔／**達**／
體／添／聽／頭／托／往／為／我／勿／下／詳／向／消／行／
休／許／一／由／有／約／乍／彰／者／爭／直／只／指／巠／
賺／著／卓／總／阿那／阿你／阿娘／阿婆／阿誰／阿耶／愛河
／安禪／安清／安下／安心／安著／把住／白棒／敗闕／伴子／
傍家／寶徹／保持／報齡／逼迮／比並／比來／鞭影／別時／別
云／賓家／並當／並頭／撥眉／波吒／不安／不徹／不辭／不假
／不淨／不決／不肯／不期／不審／不無／不消／不易／不在／
布毛／布納／參請／參堂／參頭／參徒／參詳／參玄／參尋／蒼
天／操略／操為／禪剎／禪和／禪林／禪門／禪要／闡化／闡揚
／長往／常流／場屋／超然／嗔拳／趁打／趁讚／撐觸／稱揚／
鎧子／成持／承當／承領／澄汰／馳求／遲回／赤骨／重重／抽
身／出身／出世／出手／出頭／初祖／處分／觸事／觸汙／觸忤
／垂語／捶門／次第／刺頭／從上／從盛／湊集／毳侶／村公／
村院／撮摩／措意／達道／達人／大方／大好／大教／大理／大
人／大段／大煞／大事／洎川／講席／若為／唐言／跏趺（跗）
利辯（辨）大限／大須／代語／代曰／代云／但莫／當人／當下／
當揚／當院／蕩羅／道果／道匡／道體／道業／道膺／得當／得
意／得旨／登時／遞相／帝釋／典據／點胸／電拂／凋榮／疊子
／頂峰／定執／東西／洞上／杜口／對客／鈍根／鈍致／頓契／
頓旨／多小／槃根／墮根／婀爺／惡發／兒子／二彼／發起／發
去／發心／法燈／法公／法鼓／法會／法嗣／法堂／法信／法筵
／法眼／法藥／法雨／法真／凡流／凡情／凡小／返照／方寸／
房丈／非論／非時／分別／分付／分襟／墳塔／糞掃／風漢／鋒
機／跌坐／浮生／敢保／綱宗／告報／格外／根鈍／根利／根思
／功課／供奉／供養／勾當／孤明／古話／古錐／刮骨／怪笑／
歸寂／歸心／龜毛／鬼使／鬼眼／好看／好去／好手／好與／合
頭／和合／喝棒／洪猷／忽然／胡梯／蝴跪／護持／化導／化門

／化儀／化緣／話墮／話會／話論／話破／話頭／寰中／患塞／
黃梅／慧海／慧劍／慧忠／誨機／火化／貨賣／機鋒／擊目／己
事／給侍／洎合／髻珠／計校／既若／霽嵩／家常／家風／加衛
／假使／煎茶／檢點／撿責／減損／見說／見性／漸次／將當／
將為／將養／匠伯／剿絕／教意／接示／劫火／劫石／解空／解
脫／芥子／巾瓶／進具／進云／經師／經行／精彩／景岑／淨瓶
／淨業／迴出／迴祛／迴脫／九五／救度／居遁／舉唱／舉似／
舉問／具眼／絕邊／絕塵／決了／俊流／開堂／開演／開眼／開
浴／勘過／勘噴／看侍／可笑／可中／肯重／空寂／摳衣／扣擊
／庫頭／匡化／曠劫／廓然／廓市／來機／來由／蘭若／欄衫／
朗然／勞籠／勞事／勞形／勞役／老公／老漢／老胡／老婆／老
師／老宿／雷音／離俗／理論／理事／里許／禮足／利鈍／利根
／利生／利物／立地／立義／歷歷／例皆／蓮座／廉平／良久／
兩皮／聊聞／了得／了決／了了／了取／了卻／了然／了事／了
手／了知／獵獠／劣器／臨時／林泉／林下／靈骨／靈光／靈默
／靈臺／靈源／領覽／領旨／領眾／流播／六門／六情／籠牢／
路滑／露柱／瀝灕／輪回／論量／論師／落後／落染／落意／驢
年／履踐／律師／略虛／馬駒／謾糊／忙然／門風／門士／密領
／密意／密語／密旨／面壁／滅度／明頭／名聞／冥朦／冥契／
摩耶／魔魅／莫不／莫成／莫是／驀口／某甲／目連／納僧／納
衣／納子／那邊／那人／男女／惱亂／擬思／擬心／拈起／拈問
／鳥道／鳥跡／捏目／排批／盤泊／劈脊／批排／擗開／偏黨／
貧道／貧兒／平沉／平治／撲殺／普請／普潤／七條／起居／啟
聞／契合／契會／憩泊／遷化／前來／伽藍／且從／且如／且致
／且置／親近／侵早／輕忽／請益／驅驅／取次／取涼／去處／
卻復／卻歸／卻回／卻來／卻問／群迷／群生／然雖／人根／人
我／任摩／任運／日給／日勢／日夕／日用／容易／肉身／如敏
／入草／入處／入道／入定／入路／入門／入滅／入室／入眾／
若子／散悶／僧寶／僧臘／沙彌／鈔羅／善為／商量／上士／尚
猶／尚自／少多／少分／少室／攝受／神晏／生佛／生涯／生緣
／升堂／升座／繩床／師姑／師僧／師印／施設／施為／十成／

十地／時長／時流／事理／世業／示滅／適來／樞秘／樞要／雙
陸／順化／順寂／順世／說破／廝兒／厶甲／死漢／俗士／隨緣
／索索／他後／塔頭／檀信／堂堂／特地／提唱／提撕／挑燈／
聽許／停騰／通心／通信／同參／同行／投機／圖度／為復／為
言／違和／未決／未審／未在／謂言／問頭／問訊／我慢／我山
／污染／無常／無端／無方／無漏／無名／無明／無生／無為／
兀然／兀兀／息心／瞎漢／先德／先陀／相共／相撲／相親／向北
／向後／向來／向去／小僧／小師／小許／笑具／些子／寫真／
心傳／心燈／心法／心眼／心要／心印／信衣／行化／行李／性
海／休歇／虛頭／須索／許多／宣鑒／玄道／玄流／玄侶／玄人
／玄徒／選佛／學人／學者／尋常／尋後／衡推／言下／揚眉／
腰褌／也未／也無／一般／一隊／一格／一句／一乍／一種／一
轉／已不／以不／意想／因便／因緣／淫祀／用使／遊行／遊化
／有漏／於時／魚鼓／與摩／預記／欲似／元本／園頭／院主／
云何／雲水／雲遊／在眾／早朝／早個／早暮／早晚／造次／造
聲／造作／增語／宅家／惝惶／長老／丈室／折合／這邊／真宗
／臻湊／珍重／振錫／震旦／爭那／正令／正念／正眼／證果／
知歸／知解／知有／支荷／祇對／祇擬／祇遣／直得／直了／直
饒／直是／直下／只今／只摩／只如／指注／止啼／志勤／智眼
／置功／置問／終歸／囑累／住世／專甲／轉更／裝裹／莊頭／
著恥／著價／著力／斫額／酌然／啄生／緇素／諮問／自代／自
個／自後／自看／自外／自餘／宗乘／宗風／宗匠／宗門／宗師
／宗要／宗枝／縱令／縱饒／走作／祖教／祖意／祖宗／作大／
作佛／作家／作具／作小／作用／作者／座主／阿那個／阿那裏
／把不住／百雜碎／寶林傳／飽齁齁／本分事／本來人／本來事
／本來心／畢竟事／不說說／不聞聞／不在意／參同契／長連床
／嗔迫迫／出家兒／出家人／畜生行／從上來／打風顛／大法眼
／大迦葉／當人事／得底人／得便宜／第二機／第二頭／第二月
／第一句／第一座／鬥合禪／二種語／發明師／佛事門／佛心印
／隔天涯／個中意／供養主／刮骨禪／合同船／和尚子／和癢子
／何似生／畫圓相／火裏冰／即不無／即且從／極則事／髻中珠

／跏趺坐／教一節／較些子／金輪王／經世法／淨法眼／絕纖塵
／開心眼／瞌睡漢／殼漏子／老大蟲／老胡宗／老婆禪／靈山會
／盧行者／落途中／妙難思／末後事／某專甲／木上座／念言語
／弄傀儡／盤陀石／懵愭子／平常心／其中人／人我山／若子大
／三摩地／三身佛／上根人／聲外句／聖持祖／施三寸／十二時
／是個漢／是即是／輸便宜／水牯牛／說葛藤／田舍奴／同風事
／陀羅尼／我我所／無縫塔／無好氣／無形相／五葉花／勿交涉
／閑傢俱／向上事／行人事／省要處／學道人／野狐精／一合相
／一線道／一隻眼／一著子／一轉話／衣中寶／銀輪王／有一人
／雜貨鋪／則不可／則不無／則且從／則且置／展坐具／輒不得
／折床會／止啼錢／主人公／著不得／著精彩／著精神／自己事
／自家珍／走颺颺／祖師意／作道理／作活計／撥眉擊目／不二
法門／不二之法／不借三寸／不淨之物／不可思議／不立文字／
布毛示法／曹溪密旨／出沒卷舒／穿耳胡僧／從上來事／從上宗
乘／啐啄同時／村裏男女／寸絲不掛／大作佛事／單刀直入／稻
麻竹葦／得意忘言／覿面相呈／抖擻眉毛／斷臂立雪／多口阿師
／鵝山成道／法佛無二／犯人苗稼／非心非佛／風鳴鈴鳴／佛法
僧寶／佛頭放糞／付法弟子／蓋天蓋地／功勳邊事／古人面壁／
龜毛兔角／化緣始終／化緣終始／回光返顧／迴光返照／渾崙提
唱／即心即佛／即心是佛／將佛求佛／將功用功／將頭覓頭／截
流之作／絕慮忘緣／開田大義／開一線道／閻閻宗師／空拳黃葉
／廓然無聖／贏贏垂垂／理事不二／理行相稱／立地成佛／撩著
便去／臨渴掘井／落路入草／驢前馬後／梅子熟也／捫空追響／
密密心心／密意密語／密語密意／摩頂授記／摩訶迦葉／摩訶摩
耶／末後一句／末上一句／奴郎不弁／起模畫樣／清淨法眼／青
青黝黝／取人處分／燃燈授記／擾擾匆匆／認奴作郎／肉山倒地
／肉身菩薩／如是我聞／如水傳器／如猿捉影／三千里外／捨父
逃走／聲前一句／十萬八千／石上栽花／是心是法／是心是佛／
死馬醫法／死中得活／四十九年／素面相呈／素體相呈／隨處解
脫／隨處任緣／隨處任真／鎖斷要津／他時後日／桃華悟道／特
達丈夫／騰騰任運／天下橫行／停囚長智／頭上安頭／頭上寶蓋

／威音王佛／無功之功／無情說法／無位真人／西來祖教／惜取
眉毛／向上一路／向外馳求／小許些子／行住坐臥／壓良為賤／
揚眉動目／一撥便轉／一代時教／一一個個／一指頭禪／以心傳
心／因……次／隻履西歸／自心是佛／足下無絲／祖師意旨／作
家知識／壁觀婆羅門／打水魚頭痛／大庾嶺頭事／丹霞燒木佛／
擔佛傍家走／煩惱即菩提／歸家罷問程／黃葉止啼錢／南泉水牯
牛／涅槃堂裏漢／平常心是道／聖諦第一義／時時勤拂拭／亭前
柏樹子／萬里無寸草／溈山水牯牛／心空及第歸／幸自可憐生／
一盲引眾盲／理長則（即）就只這（遮）個是安排向明燈下／不立
文字語句／從門入者非寶／二百五十條戒／非想非非想天／君子
千里同風／入地獄如箭射／三家村裏男女／不思善不思惡／離百
非超四句／殺人刀活人劍／說似一物即不中／大庾嶺頭一鋪功德
／見月休看（觀）指／什麼（摩）處去來／看他人食，終自不飽／
龍蛇易弁，納子難謾／末後一句，始到牢關／聲前一句，千聖不傳
／天上天下，唯我獨尊／要眠則眠，要坐則坐／一日不作，一日不
食／遇茶吃茶，遇飯吃飯／中有一寶，祕在形山／八十老人（公）
出場屋／金屑雖貴，眼裏著不得／不是心，不是佛，不是物／蚊子
上鐵牛，無你下嘴處／一句合頭意，萬劫繫驢橛／似則（即）似，
是則（即）不是／三世諸佛不知有，狸奴白牯卻知有／青青翠竹，
盡是真如；鬱鬱黃花，無非般若

《五燈會元》點校、編譯、全譯本有蘇淵雷 1984 年中華書局點校本、蔣
宗福、李海霞 1997 年西南師範大學出版社白話全譯本、朱俊紅 2011 年海南
出版社點校本、蘇澤恩 2008 年山東美術出版社白話精譯插圖本 、陳中瓊
2004 年吉林文史出版社編注本。《五燈會元》研究專著有黃俊銓 2008 年法鼓
文化事業股份有限公司《禪宗典籍〈五燈會元〉研究》，李豔琴、郭淑偉 2011
年巴蜀書社《〈祖堂集〉〈五燈會元〉校讀》，李茂華、邱豔萍、田瑜娥 2014 年
四川大學出版社《〈嘉泰普燈錄〉與〈五燈會元〉語言比較研究》，李旭、黃城
煙、王飛明 2015 年四川大學出版社《〈建中靖國續燈錄〉與〈五燈會元〉語
言文獻比較研究》等。

《五燈會元》語言研究論文有：

邱震強＆胡凡《中華書局版〈五燈會元〉卷一的引文商榷》（《華

夏文化》2020 年第 1 期）、任連明《〈五燈會元〉四字格同素異序詞語考察研究》（《賀州學院學報》2019 年第 2 期）、魏啟峰《〈五燈會元〉中的「者」字》（《天水師範學院學報》2019 年第 1 期）、邱震強＆李芳《〈五燈會元〉拘留孫佛偈研究》（《五臺山研究》2018 年第 1 期）、張文江《〈五燈會元〉講記：雪峰義存下》（《上海文化》2017 年第 9 期）、張文江《〈五燈會元〉講記：雪峰義存上》（《上海文化》2017 年第 7 期）、邱震強《〈五燈會元〉中的「出隊」並非「出佇列」》（《華夏文化》2017 年第 2 期）、邱震強《〈五燈會元〉中的反問教學法探索》（《教育教學論壇》2017 年第 10 期）、張文江《〈五燈會元〉講記：玄沙師備年第下）》（《上海文化》2017 年第 3 期）、李澍周〈五燈會元〉（《東方藝術》2017 年第 6 期）、邱震強＆柳盎《〈五燈會元〉馬鳴尊者偈訓詁》（《湘南學院學報》2017 第 1 期）、張文江《〈五燈會元〉講記：玄沙師備上》（《上海文化》2017 年第 1 期）、邱震強《釋〈五燈會元〉中的釋迦年尼佛偈》（《華夏文化》2016 年第 4 期）、任連明＆孫祥愉《中華本〈五燈會元〉句讀疑誤類舉》（《廣西科技師範學院學報》2016 年第 1 期）、許中榮《論《西遊記》與〈五燈會元〉之關係——兼談對待《西遊記》中宗教文本應持的態度》（《唐山學院學報》2015 年第 5 期）、邱震強《佛學視角下的〈五燈會元〉詞語訓詁舉隅》（《重慶郵電大學學報》2015 年第 5 期）、邱震強《〈五燈會元〉前 5 卷句子訓詁》（《湘南學院學報》2015 年第 1 期）、邱震強《〈五燈會元〉編書發起人沈淨明並非「里正」》（《華夏文化》2014 年第 4 期）、李存周《怒目金剛 慈悲心腸——〈五燈會元〉中德山宣鑒禪法解讀》（《宜春學院學報》2014 年第 10 期）、楊雅娟＆高霞、張麗波《從〈五燈會元〉到《醒世姻緣傳》：把字句的歷史演變》（《長江大學學報》2014 年第 5 期）、李旭《〈五燈會元〉詞語箚記》（《寧夏大學學報年第人文社會科學版)》2014 年第 1 期）、轟娟娟《〈五燈會元〉「作麼」類疑問代詞研究》（《藝術科技》2014 年第 1 期）、任連明《中華本〈五燈會元〉校讀箚記》（《暨南學報年第哲學社會科學版)》2013 年第 8 期）、黃冬麗《〈五燈會元〉俗諺例釋》（《天水師範學院學報》2013 年第 1 期）、張文江《〈五燈會元〉講記：南泉普願》（《上海文化》2012 年第 5

期）、黃冬麗《〈五燈會元〉中的歇後語》（《天水師範學院學報》2012
年第 3 期）、方吉萍《〈五燈會元〉中「相似」比擬句式》（《齊齊哈
爾大學學報年第哲學社會科學版）》2012 年第 2 期）、張文江《〈五
燈會元〉講記：投子大同》（《上海文化》2012 年第 2 期）、袁衛華
《〈五燈會元〉中帶語氣副詞的測度問句》（《合肥師範學院學報》
2012 年第 2 期）、喬立智《〈五燈會元〉點校疑誤舉例》（《宗教學研
究》2012 年第 1 期）、張文江《〈五燈會元〉講記：岩頭全奯》（《上
海文化》2012 年第 1 期）、張文江《〈五燈會元〉講記：德山宣鑒》
（《上海文化》2011 年第 5 期）、張文江《五燈會元講記：丹霞天然》
（《上海文化》2011 年第 2 期）、葛荃《從〈五燈會元〉看禪之本義
——兼論禪與儒家文化精神的內在理路》（《天津社會科學》2010 年
第 6 期）、張文江《大隨法真〈五燈會元〉講記》（《上海文化》2010
年第 6 期）、惠紅軍《〈五燈會元〉中的處置式》（《貴州民族學院學
報年第哲學社會科學版）》2009 年第 4 期）、殷偉《〈五燈會元〉中
「T 是否？」句式研究》（《常州工學院學報》2009 年第 3 期）、周
清豔《〈五燈會元〉中副詞「都」的用法》（《周口師範學院學報》2008
年第 4 期）、邱震強《〈五燈會元〉釋詞二則》（《中國語文》2007 年
第 1 期）、馮國棟《〈五燈會元〉版本與流傳》（《宗教學研究》2004
年第 4 期）、黃夏年《王恩洋先生與〈五燈會元〉》（《世界宗教文化》
2001 年第 4 期）、沈丹蕾《〈五燈會元〉的句尾語氣詞「也」》（《安
徽師範大學學報年第人文社會科學版）》2001 年第 4 期）、武振玉
《〈五燈會元〉中的是非問句與選擇問句初探》（《陝西師範大學繼續
教育學報》2001 年第 1 期）、黃靈庚《〈五燈會元〉詞語箚記》（《浙
江師大學報》1999 年第 3 期）、武振玉《試析〈五燈會元〉中的是
非問句與選擇問句》（《長春大學學報》1998 年第 2 期）、黃靈庚《〈五
燈會元〉標點正誤二則》（《古漢語研究》1998 年第 1 期）、張美蘭
《〈五燈會元〉詞語二則》（《古漢語研究》1997 年第 4 期）、張美蘭
《論〈五燈會元〉中同形動量詞》（《南京師大學報》1996 年第 1 期）、
闞緒良《〈五燈會元〉裏的「是」字選擇問句》（《語言研究》1995 年
第 2 期）、滕志賢《〈五燈會元〉詞語考釋》（《古漢語研究》1995 年
第 4 期）、劉凱鳴《〈五燈會元〉補校》（《文獻》1992 年第 1 期）、

周啟付《〈五燈會元〉中的諺語》(《讀書》1988 年第 3 期)、張錫德
《〈五燈會元〉詞語拾零》(《溫州師範學院學報》1987 年第 4 期)、
袁賓《〈五燈會元〉詞語續釋》(《語言研究》1987 年第 2 期)、袁賓
《〈五燈會元〉口語詞探義》(《天津師大學報》1987 年第 5 期)、蘇
淵雷《禪風‧學風‧文風——〈五燈會元〉新探》(《法音》1984 年
第 1 期)。

《五燈會元》語言研究博士碩士學位論文有:

　　崔淼《〈五燈會元〉詩偈研究》(河北大學,2017 年)、韓煦《〈五
燈會元〉比較句研究》(華中科技大學,2016 年)、胡娟娟《〈五燈
會元〉時間副詞研究》(揚州大學,2014 年)、周金萍《〈五燈會元〉
並列式複音詞研究》(南京師範大學,2013 年)、許潔《〈五燈會元〉
時間詞語研究》(安徽大學,2013 年)、方吉萍《〈五燈會元〉比擬
句式研究》(溫州大學,2012 年)、袁衛華《〈五燈會元〉疑問句研
究》(武漢大學,2012 年)、楊潔《〈五燈會元〉祈使句研究》(河南
師範大學,2012 年)、龔峰《〈五燈會元〉祈使句研究》(蘇州大學,
2010 年)、鄒仁《〈五燈會元〉動態助詞研究》(福建師範大學,2008
年)、黃俊銓《禪宗典籍〈五燈會元〉研究》(復旦大學,2007 年)、
殷偉《〈五燈會元〉反復問句及選擇問句研究》(南京師範大學,2006
年)、王遠明《〈五燈會元〉量詞研究》(貴州大學,2006 年)、孟豔
紅《〈五燈會元〉程度副詞研究》(武漢大學,2004 年)、闞緒良《〈五
燈會元〉虛詞研究》(浙江大學,2004 年)。

日本以「五燈會元」為篇名或關鍵字的研究論文,如:

　　佐藤喜代治《「五燈會元」語彙考察——與日本近代漢語的關
聯》(《國語學研究》1974 年第 13 期),永井政之《〈五燈會元續略〉
之成立》(《印度學佛教學研究》1975 年第 24 期),椎名宏雄《宋元
版禪籍研究:第一〈五燈會元〉》(《印度學佛教學研究》1976 年第
25 期),佐藤秀孝《〈五燈會元〉編集一疑點》(《印度學佛教學研究》
1981 年年第 29 期),長尾光之、李開《〈五燈會元〉詞語考釋》(《福
島大學教育學部論集‧人文科學部門》1992 年第 52 期),石野幹昌
譯《〈五燈會元〉譯注》(《名古屋大學人文科學研究》2005 年第 34
期),石野幹昌譯《〈五燈會元〉譯注(二)》(《名古屋大學人文科學

研究》2005 年第 34 期），本多道隆《〈五燈會元〉「釋迦牟尼佛」章閱讀（一）》（《花園大學國際禪學研究所論叢》2009 年第第 4 期），本多道隆《〈五燈會元〉「釋迦牟尼佛」章閱讀（二）》（《花園大學國際禪學研究所論叢》2010 年第 5 期），本多道隆《〈五燈會元〉「釋迦牟尼佛」章閱讀（三）》（《花園大學國際禪學研究所論叢》2011 年第 6 期），本多道隆《〈五燈會元〉「釋迦牟尼佛」章閱讀（四）》（《花園大學國際禪學研究所論叢》2013 年第 8 期）等。

# 第二章 《五燈拔萃》概況

日本對《五燈會元》的研究遠沒有對《碧岩錄》《臨濟錄》那麼重視，但日本《五燈會元》抄物也有一山一寧《五燈會元抄》（日本禪目）、蒙山智明（1276～1366）《五燈會元抄》5 卷（詩僧傳、日本禪目）、叔英宗播（？～1441）《五燈會元抄》（日本禪目）、笑山周悆《五燈會元抄》（日本禪目、詩僧傳）、古篆周印《五燈會元抄》（日本禪目、詩僧傳）、無名氏《五燈拔萃》（室町時期筆寫本，大德寺龍光院所藏）等數部注釋書。我們下面主要介紹《五燈拔萃》。

## 第一節　作者與時代

《五燈拔萃》，8 卷，作者不詳，原本藏大德寺龍光院，日本學界一般認為室町時期筆寫本，但其實很有可能是江戶時代寫本。

首先，《五燈拔萃》於《五燈會元》卷二《天台平田普岸禪師》「平田」處注曰：「今名萬年。台州天台縣平田普岸禪師道場也。日本建仁開山榮西到天台萬年寺，拜觀虛庵壞敝禪師，而後憂寺廢壞，遂捨三千貫文錢，造萬年寺山門兩廊。見《江湖集抄》。」《江湖集抄》是彭叔守仙（1490～1555）撰寫的，彭叔守仙生活的時代正是中國明弘治到嘉靖年間、日本室町時代後期，我們假設這是《五燈拔萃》成書最晚的時間，但其時「平田」並不叫「萬年寺」。《天台山方外志》卷四《萬年報恩寺》：「在縣西北六十里十五都，唐太和七年，僧普岸建。《圖經》云：隋大業二年建。初，晉興甯，僧曇猷憩此。四顧八峰回抱，雙澗合流。八峰謂明月、娑羅、香爐、大舍、銅魚、藏像、煙

霞、應澤；以為真福田也，遂經始焉。會昌中廢。大中六年號『鎮國平田』。
梁龍德中改『福田』。宋雍熙二年改『壽昌』。建中靖國初，火，崇甯三年重
建，號『天寧萬年』。紹興九年改『報恩廣孝』為『光孝』，今復為『萬年』。」
〔註1〕《天台山方外志》成書於萬曆癸卯31年（1603），作者釋無盡（1554～
1628）。可見「今復為『萬年』」的「今」應該是萬曆31年（1603）前。又考
史志，宋以後文獻出現天台「萬年寺」比較早的，就是《天台山方外志》卷一
四《大明·今上賜天台萬年寺藏經勅》：「皇帝勅諭天台萬年寺住持及僧眾人
等：朕惟佛氏之教具在經典，用以化導善類，覺悟群迷，於護國佑民，不為無
助。茲者聖母慈聖宣文明肅皇太后，命工刊印，續入藏經四十一函，並舊刻
藏經六百三十七函，通行頒佈本寺。爾等務須莊嚴持誦，尊奉珍藏。不許諸
色人等妄行褻玩，致有遺失損壞。特賜護持，以垂永久。欽哉，故諭。萬曆十
四年九月四日。」〔註2〕「今復為『萬年』」大概就在萬曆14年（1586）。《五
燈拔萃》說「今名萬年」當在萬曆14年之後，其時日本室町時代（1336～1573）
已經結束。

　　《五燈拔萃》引「方語」共71處，如：「布袋盛烏龜：山云：「方語也。
此恐是出頭不得也。」又如：「京三卞四：覺云：『人姓也，猶張三李四也。』
山云：『方語云丁一卓二，京三卞四，猶未詳。』大休云：『建帝都列府內地
形，荊三卞四，荊與京音同。』或云：『爭地形殊勝，荊州第三番，卞州第番
也。』又這是《五燈拔萃》引一山一寧口耳相傳的對方語的解釋，或者就是
引自一山一寧的著作《五燈會元一山抄》。又如：「布袋裏老鴉：方語，雖生如
死。」又如：「楊廣失橐馳：方語也。注云：『自荷負。』關云：『欲荷負駱失
之也，故自荷負。』大休云：『楊廣者，盜人也。失橐馳者，偷別人橐馳，而
後失之，遂不能得也。』山云：『楊廣，將軍，將軍則無可以運物。馳，乃背
上運物之獸，極能負重。後漢有賊名楊廣。』云云。」這裏前者有可能是《五
燈拔萃》作者所知道的方語，後者則像是引用某種名「方語」的著述，因為
「方語」後有「注云」，不會是所知道的方語，後又有「關云」「大休云」「山
云」，不會是引用一山一寧等人口耳相傳的對方語的解釋，或者就是引自一山
一寧著作《五燈會元一山抄》等。

---

〔註1〕據《中國佛寺志》第88冊。
〔註2〕據《中國佛寺志》第88冊。

以「方語」命名的著述，最早見於宋晦巖智昭編的《人天眼目》卷六《禪林方語（新增）》，但這裏標明「新增」，不知什麼時候新增。我們現在見到的最早的有《禪林方語（新增）》內容的是萬曆 14 年（1586）刊行的嘉興府楞巖寺明藏本，《人天眼目》此前的版本包括日本川僧慧濟（？～1475）的《人天眼目抄》都無《禪林方語（新增）》。而且《禪林方語（新增）》只有詞目，沒有注釋，《五燈拔萃》引的方語不少不見於此書，所以引它的可能性也不大。

田中忠三郎藏的室町末期抄寫的《禪林之方語》一冊，雖然語下有簡單漢文注釋，但該書很簡單，正文墨附才十九張，《五燈拔萃》所引方語很大部分不在此書裏有解釋。

石井氏積翠軒文庫舊藏室町末期寫本《隨方鄉談》，也是方語性質的書，但起碼名稱上並無「方語」二字，不可能是《五燈拔萃》所引書名《方語》。而且該書與田中藏本《禪林之方語》差不多，詞數更少。還有一本合訂到《隨方鄉談》後面的《禪林方語》，學界也都認為是室町末期抄寫本，其篇幅也很短，僅墨附十四張。卷末有「寬文一三年癸丑仲夏上旬，以薩之山川大圓主盟，留嶽首座以秘書，而龍吟禪庵南窗下寫焉」識語，合訂的時間已經是江戶時代寬文 13 年，即 1673 年 6 月。《五燈拔萃》所引「方語」亦多不見於此。

石井氏積翠軒文庫舊藏元祿時期刊本《宗門方語》，內容比較豐富，共 67張。《五燈拔萃》引的方語絕大部分與《宗門方語》相同，包括一語多種解釋，也沒有多大區別。如：「波斯吃胡椒：方語，吞吐不下。又云家常茶飯。」又如：「海上明公秀：方語，覓佗不得。又云幻人逢幻人。」

日本最早的以「方語」命名的書都是室町末期寫本，既然是寫本，所知者肯定不多，需要一段時間輾轉抄寫，才慢慢為眾人所知。所以，《五燈拔萃》引用時應該稍有滯後。因為早期的《方語》書比較簡單，《五燈拔萃》引用的應該多是江戶時代的方語書。所以我們認為，從這裏也可以看出《五燈拔萃》有可能是江戶時代的著作。

通過上面的考證，我們認為《五燈拔萃》有可能是江戶時代的著作。即使是室町末期的寫本，但由於在唐宋禪錄方俗語詞的研究上又頗為獨特的價值，所以我們也不妨看成江戶時代的著作。

## 第二節 《五燈拔萃》的面貌

《五燈拔萃》原本藏大德寺龍光院，大德寺位於今日本國京都市北區，創建於日本鎌倉時期正中 2 年（1325），開山祖師為大燈國師。《五燈拔萃》分為 8 卷，第一卷七佛、西天二十八祖、東土六祖、付法偈，第二卷四祖下至八世、五祖下至四世、六祖下至五世、附應化賢聖，第三卷六祖下、百丈海下、青原石頭二章、馬祖下、藥山章並藥山下，第四卷藥山下、石頭下、初於丹然霞、宋三帝問答並未詳法，第五卷第八卷臨濟宗從七佛敘起，次及西天二十七祖、東土六祖，再按禪宗五家七宗的派別分別敘述，卷下都以祖師名為小目。《五燈拔萃》沒有完整抄錄《五燈會元》，只選有需要解釋地方抄錄，《五燈會元》原有的一部分小目不見於《五燈拔萃》。《五燈拔萃》也是每卷分頁，兩個半頁為 1 頁。第一卷 49 頁，第二卷 65 頁，第三卷 67 頁，第 4 卷 46 頁，第五卷 41 頁，第六卷 51 頁，第七卷 48 頁，第八卷 49 頁，共 416 頁，總字數 23 萬多字。全文用行書草就，文字辨識難度頗大，我們不妨隨便截取一頁，看看其中的文字：

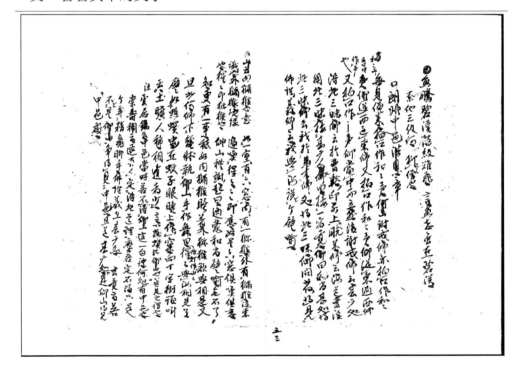

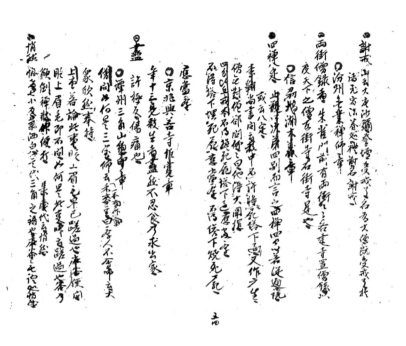

這是截取是《五燈拔萃》第二章53～54頁，文字照錄如下：

○魚騰碧漢，階級難飛：言魚志雖在碧溪，奈他三級何。抑僧也。

## ○朗州中邑洪恩禪師

每見僧來，拍口作和和聲。仰山謝戒，師亦拍口作和和聲。仰從西過東，師又拍口作和和聲。仰從東過西，師又拍口作和和聲。仰當中而立，然後謝戒，師云：「甚麼處得此三昧？」仰云：「于曹溪印子上脫來。」師云：「汝道曹溪用此三昧，接甚麼人？」仰曰：「接一宿覺。」仰曰：「和尚甚處得此三昧？」師云：「我于馬大師處得此三昧。」仰問：「如何得見佛性義？」師云：「我與汝說個譬喻。如一室有六窗，內有一獼猴，外有獼猴，從東邊喚狌狌，狌狌即應，如是六窗俱喚俱應。」仰山禮謝，起曰：「適蒙和尚譬喻，無不了知。更有一事，祇如內獼猴睡著，外獼猴欲與相見，又且如何？」師下繩床，執仰山手作舞曰：「狌狌與汝相見了譬如蟭螟蟲，在蚊子眼睫上作窠，向十字街頭叫云：『土曠人稀，相逢者少。』」（注：雲居錫云：「中邑當時若不得仰山這一句語，何處有中邑也。」崇壽稠

云:「還有人定得此道理麼,若定不得,只是個弄精魂腳手。佛性義在甚麼處?」玄覺云:「若不是仰山,爭得見中邑?且道甚麼處是仰山得見中邑處。」)

○和和:山云:「口中作聲也。」

○謝戒:山云:「大唐沙彌登壇受戒了,名為大僧。既受戒了,于諸老宿法眷處,禮謝,名謝戒。」

○一室有六窗,內有一獼猴:山云:「內獼猴,心意識也。外獼猴,境緣也。猩猩即獼猴也。」

○譬如蟭螟蟲,在蚊子眼睫上作窠:言以蟭螟比仰山也。管見之謂也。

### ○汾州無業禪師

○兩街僧錄:朱雀門前有兩街。兩街各建寺置僧錄,以度天下之僧。左街寺,右街寺是也。

### ○信州鵝湖大義禪師

○四禪八定:止觀口決第四而言之。四禪四空,若從通,說,或云八定。

### ○京兆興善寺惟寬禪師

年十三,見殺生者,蠹然不忍食,乃求出家。

○蠹然:蠹,許極反。傷痛也。

### ○潭州三角山總印禪師

僧問:「如何是三寶?」師云:「禾、麥、豆。」曰:「學人不會。」師云:「大眾欣然奉持。」上堂:「若論此事,貶上眉毛,早已蹉過也。」麻谷便問:「貶上眉毛即不問,如何是此事?」師曰:「蹉過也。」谷乃掀倒禪床。師便打。長慶代云:「悄然。」

○悄然:悄者,七小反,瀟灑貌。是代三角之語也。麻谷無語處悄然。山云:「默而無語,一切不動也。」

第52頁末尾有標題「忻州鄜村自滿禪師」,「魚騰碧漢,階級難飛」是《五燈會元》該章原文的一句話,《五燈拔萃》僅抄錄原文需要解釋的這一句。「言魚志雖在碧溪,奈他三級何。抑僧也。」是《五燈拔萃》對此句的解釋。「朗州中邑洪恩禪師」這一章需要注釋不止一句,抄錄了該章全部內容。「和和」

「一室有六窗，內有一獼猴」「譬如蟭螟蟲，在蚊子眼睫上作窠」等的注釋都在原文上下左右的空白處。「謝戒」的注釋在 54 頁開頭。「汾州無業禪師」章、「信州鵝湖大義禪師」章、「京兆興善寺惟寬禪師」章也都僅一句需要注解，也都沒抄錄原文，只抄了需要注解的一句或一個短語。「潭州三角山總印禪師」章，需要注釋的有三處，抄錄原文內容也比較多，因為比較短抄錄了全文。當然不一定全文都抄錄，但需要解釋的句子、短語、詞都應該在裏面。54 頁末尾解釋了「悄然」，另兩處解釋在 55 頁開頭：「貶：側洽反，目動也。」「掀：《廣韻》：虛言反，以手高舉也。」

## 第三節 《五燈拔萃》釋文類別

《五燈拔萃》解釋的內容以字詞為主，特別是方俗語詞，但不局限於此。釋文類別包括：

一、各種稱名，如年號、地名、人名字型大小等，如《五燈拔萃·題詞》：「淳祐：宋理宗年號。直指堂在靈隱。大川普濟嗣琰浙翁，浙翁嗣光拙庵，拙庵嗣大慧。」紀年，如《五燈拔萃·釋迦牟尼佛》：「戊辰：年也。」書名，如《五燈拔萃·題詞》：「《傳燈》：宋真宗景德年中宣慈道原禪師之所作也。《廣燈》：仁宗天聖年中李駙馬之所撰也。《續燈》：徽宗建中靖國年中佛國惟白禪師之所撰也。惟白者，圓通秀之子，天衣懷之孫，雪豆顯之第四世也。《聯燈》：孝宋淳熙年中晦翁悟明禪師之所撰也。悟明者，木庵永之子，懶庵需之孫，大慧果之第四世也。《普燈》：甯宗嘉泰年中雷庵禪師之所撰也。」神名，如《五燈拔萃·毘婆尸佛》：「神足：《大論》：『佛曰：舍利弗、目健連是二人者，是我弟子中，智慧、神足第一。』《志》云：『妙用難測，故名為神；能為彼依，故名為足。』」舞名，如《五燈拔萃·蘄州五祖表自禪師》：「柘枝：舞名也。」曲名，如《五燈拔萃·俞道婆》：「蓮華樂：音落，曲名。」譯名，如《五燈拔萃·毘婆尸佛》：「波波羅樹：此云重生華。」《五燈拔萃·尸棄佛》：「分陀利樹：此云白蓮華。」。

二、佛教術語，如《五燈拔萃·釋迦牟尼佛》：「轉四諦法輪：若厭色籠，修四空定，生四空天，名無色界，一空處，二識處，三無所有處，亦名不用處。修此定時，不用一切內外境界。四非有想非無想。」《五燈拔萃·二祖阿難尊者》：「十八變：《止觀》云：一右脅出水。二左脅出火。三左出水。四右

出火。身上下出水火為四,並前為八。九履水如地。十履地如水。十一從空中得而復現地。十二地沒而現空中,空中行、住、坐、臥。十七或現大身,滿虛空中。十八大復現小。凡如意通,皆名變化。」

　　三、佛教典故、世俗典故:如:《五燈拔萃·二十四祖師子比丘》:「《正宗記·師子傳》曰:其國果有兄弟二人者。兄曰摩目多,弟曰都落遮。相與隱山,學外道法。一旦都落遮所學先成。謂其兄曰:『我將竊入王宮,作法殺王,以奪其國。』兄曰:『汝無誤事,致累吾族,及落遮入宮。』遂易其徒,皆為僧形。」《五燈拔萃·安吉州道場有規禪師》:「三千劍客:昔趙文王喜劍,劍士夾門三千餘人,日夜相擊於前,死傷者數百餘人。好之不厭,如是三年國衰。諸侯謀之,太子悝患之,奉千金賜莊子上說,莊子陳三劍云:有天子劍,有諸侯劍,有庶人劍。今大王有天之位,而好庶人劍。臣竊為大王薄之云云。《事苑》第一。《莊子·說劍篇》。」

　　四、文字版本勘校,《五燈拔萃·拘那含牟尼佛》:「烏暫婆羅門樹:《觀經》云:『優曇樹下,成等正覺。』一本無『婆羅門』云字。」

　　五、字詞俗語,全書以注釋此項內容為主,下面有詳說。

# 第四節 《五燈拔萃》對方言俗語的釋義

## 一、標明方語

　　《五燈拔萃》特別注重方言俗語的解釋,特別指出是方語的有70多處,如:

　　　　○波斯吃胡椒:方語,吞吐不下。又云:「不知來處。」又云:「家常茶飯。」山云:「口辣說不得。」

　　　　○常州有,蘇州有:方語,好呆子。又見《外集抄拾遺》。

　　　　○赤土畫籬笆:源云:「方語用,赤土畫籬笆,米跳不出。」山云:「用不得。」或云:「用土畫也。」譬以赤土畫籬形,不可出個中約束也。米跳不出其中。如此約束也。

　　　　○莫傜兒:方語,賺我來。

　　　　○驢事未去馬事到來:方語,一心無二用。

　　　　○蚊子上鐵牛:方語注云:「無下嘴處。」

　　　　○灼然:方語,旁人有眼。又云:「サゾ。」

　　○海上明公秀：方語，覓佗不得。又云：「幻人進幻人。古詩云：『海上明公貴，林下野人賤。』」或云：「乾闥婆城也。」又云：「神秀也。」

　　○矮子渡深溪：方語，浸了。

　　○虎口裏活雀兒：雖活如死。方語也。

　　○一場酸澀苦：方語也。

　　○猢猻吃毛蟲：方語，吞吐不下。又云：「要知滋味。」

　　○大蟲看水磨：方語也。注云：「覓起處必得。」又云：「為境所轉也。」

　　○赤土塗牛奶：方語，謾你老爺。此句ハ口傳アリ。

　　○水精甕裏著波斯：源云：「波斯國在海中，故曰如是。」山云：「多少分明。」又云：「無道理，不可注解。」方語也，注云：「多少分明。」

　　○道士擔漏卮：方語也，注云：「漏泄也。」山云：「漏卮，盛水不得之器，空自辛苦也。」

　　○韓信臨朝底：方語，性命在別人手裏。又云：「去死十分。」

　　○瓜州賣瓜漢：方語，屋裏販揚州。山云：「屋裏鬻揚州一般也。瓜州便是揚州也。」或云：「擔水賣河頭一般也，有何益乎？」

　　○船子下揚州：方語也。注云：「富貴任意。」又云：「慣得其便。」言轉換病了，如意自在，猶船子下揚州。

　　○古劍髑髏前：方語，不存性命者方知。

　　○烏頭養雀兒：源云：「烏頭豈養雀兒乎。方語，死了也。」

　　○玄沙道底：方語，敢保老兄未徹在。又云：「打我心痛。」

　　○邯鄲學唐步：方語，兩處俱失。

　　○幾被汝打破蔡州：方語，命若懸絲。又云：「賊身已露。」又云：「死而不吊。」

　　○波斯養兒：方語。不擇處打擲也。或云：「無分曉用處也。只知養而不知子德也。」

　　○猢猻入布袋：方語，伎倆盡也。又云：「出不得。」

　　○李靖三兄：方語，久經行陣。

○吉獠：《事苑》第一：「下音料，北人方語，合音為字。吉獠，言繳。繳，斜戾也。繳其舌，猶縮卻舌頭也。如呼窟籠為孔，窟馳為窠也。又或以多言為吉獠者。嶺南有鳥似鸚鵡，籠養久則解言，南人謂之吉獠。開元初，廣州獻之。雲門居嶺南，恐用此意。又云：「多口義也。『吉獠舌頭三千里』者，縱是說得，猶隔三千里也。」

○羅公詠梳頭樣：源云：「羅公，老人也。詠梳頭詩，方語，羅公照鏡，注，老不知羞。山云：「曉不得。」

○鬧市裏虎：方語，何曾見。

○也是久日樺來脣：方語，開口合不得。

○君子可八：方語，曉得底便知。

○泰山廟裏賣紙錢：方語，鬼也不要。

○老鼠尾上帶研槌：方語云：「去不得，無用處，大頭在後。」

○萬里崖州：方語，遠而遠矣。

○岩頭和尚用三文錢索得個妻：《聯燈會要》第廿一《岩頭章》曰：「有僧辭，師問：『甚麼處去？』云：『入嶺禮拜雪峰去。』師云：『雪峰若問岩頭如何，但向他道，岩不近日在湖邊住，只將三文，買個撈婆（或曰黑浪婆），撈蝦摝蜆，且恁麼過時。』僧到雪峰，峰問：『甚麼處來？』云：『岩頭來。』峰云：『有何言句？』僧舉前話，峰云：『窮鬼子得恁麼快活。』」

○波斯入鬧市：方語，不辨東西，不知落處。

○波斯吃胡椒：方語，吞吐不下。又云：「家常茶飯。」

○布袋盛烏龜：山云：「方語也。此恐是出頭不得也。」

○三尺杖子攪黃河：方語，不能至底。

○半夜捉烏雞：方語，無分曉也。

○紫羅帳裏撒真珠：方語，盡情分附。山云：「方便。」

○銅沙鑼裏滿盛油：方語，不得動著。罰罪人法也。鈔云：「銅鑼滿盛油，一丁或二丁，令步步傾一滴則罰之。」

○京三卞四：覺云：「人姓也，猶張三李四也。」山云：「方語云，丁一卓二，京三卞四，猶未詳。」大休云：「建帝都列府內地形，荊三卞四，荊與京音同。」或云：「爭地形殊勝，荊州第三番，卞州第番也。」

○布袋裏老鴉：方語，雖生如死。

○楊廣失橐馳：方語也。注云：「自荷負。」關云：「欲荷負駱失之也，故自荷負。」大休云：「楊廣者盜人也。失橐馳者，偷別人橐馳，而後失之，遂不能得也。」山云：「楊廣，將軍，將軍則無可以運物。馳，乃背上運物之獸，極能負重。後漢有賊名楊廣。」云云。

○依樣畫貓兒：方語也。注云：「殺心尚有。」言吃了明日又饑也。今日又如是，明日又如是。只用此三昧過日也，則是世俗也。不故事。

○鄭州出曹門：方語也。注云：「且喜沒交涉。」關云：「鄭州當北門也。曹門者，東京南門名也。」或云：「鄭州在未申方，曹門在洛城丑寅角也。」

○君子可八：方語也，注云：「知底知。」又云：「脫得底知。言：「君子如八字，兩邊打開也。」

○兔子吃牛奶：方語，執事蹉過了。山云：「構不及也，牛之出乳處也。」方語云：「吃不得。」

○梁山頌子：方語，話成兩橛。

○布袋裏盛錐子：方語，不出頭是好手。

○五逆聞雷：幾乎喪身失命。鄉談也。方語，頭腦裂忽添愁。

○泗州人見大聖：方語，呵呵地。又云：「慣見。」又云：「尋常。」

○落節：方語，落便宜。

○拔本：方語，倍利。

○一畝之地，三蛇九鼠：方語，惡者不少。

○布袋裏豬頭：布袋裏老鴉。方語，雖活如死。

○鋸解秤錘：方語，無入頭處。

○波斯讀梵字：方語注云：「佛字也不知，他人曉不得。」

○湖南長老：方語，東道西語。又唐風俗呼理會不得者，以為湖南長老也。所謂近日湖南暢和尚出世東道西語，是也。

○一馬生三寅：三寅，三虎也。方語，惡物不少。

○大蟲裏紙帽，好笑又驚人：方語，好笑。又云：「驚人。」或云：「和訓ノ，ヲソロシクヲカシキ也。」

○銅沙鑼裏滿盛油：方語，太嶮生。或云：「綿密之用處也。罰人法盛油戴之。」見《涅盤經》。

○赤腳波斯入大唐：方語，賣弄，放憨，買峭。

○鄭州出曹門：方語，好遠在，又沒交涉。赴曹州門謂之曹門。欲行鄭州之人，出曹門去，愈進愈遠也。東京，東曹州，西鄭州。

○三十年後趙婆酤醋：方語歟，自去來。山云：「面見愈醜也。」或云：「我醋甚好，自誇要人買也。自歎之義也。言三十年後定可知味也。」

○水浸銅石卵：方語，不爛。

○水晶甕裏浸波斯：方語。注云：「多少分明。」或云：「波斯為水練故云浸。」言波斯國人色黑故，水晶裏分明也。波斯國在海上，恰如在水晶中也。以水晶譬喻海水。

○怎生：山曰：「芝各及，台州鄉談，與作麼生一般也。」

○廝兒：《事苑》七：「廝，音斯。從使者也。」山云：「鄉談，小兒也。」

○華奴：山云：「貓兒也。蜀鄉談也。」

○那斯祁：福州鄉談，無分曉之謂也。

○小廝兒：《事苑》七：「廝，音斯。從使者也。」方言：「入聲呼。」山云：「鄉談，小兒也。」

○唐突：撞合看也。又云：「突出也。」又云：「福州鄉談，謂左道人也。」

○爛炒浮漚飽滿吃：山云：「機語也。」又云：「福州鄉談，罵人語也。」

○活生受底規模：活在此便多辛苦。或云：「生受，鄉談也。」又云：「活生受，鄉談辛苦之義也。和訓ムツカシ云義也。」

○五逆聞雷：幾乎喪身失命。鄉談也。方語，頭腦裂忽添愁。

○連架打：《事苑》第二：「架當作枷，音加，拂也。《說文》：『擊禾連扣。』如僧問：『普化明暗俱來時如何？』曰：『連架打。』《方言》曰：『連架打穀者也。』」

○小廝兒：《事苑》七：「廝，音斯。從使者也。《方言》：『入聲呼。』」山云：「鄉談，小兒也。」

○勃訴：《事苑》云：「勃訴，當作悖揍，悖亂也。揍，暗取物也。方言謂揍也。」

另有 13 處指出是「俗諺」「俗語」「俗談」「諺語」等，如：

○欲觀前人先觀所使：諺。

○打野榾漢：《聯燈》二一：「如福州諺曰：『打野堆者，成堆打哄也。』今《明招錄》中，作打野榾。」後來《碧岩集》中解云：「野榾乃山上燒不過底火柴頭語也。」《事苑》第一：「榾，卓皆反，枯木根出貌。遠浮山《九帶》作野榾。《碧岩》第五，四十八則云：「明招云：『朗上座吃卻招慶飯了，卻去江外打野榾。』野榾即是荒野中火燒底木橛謂之野榾。用明朗上座不向正處行卻向外邊走。」

○隔下語：隔上語隔下語，俗諺也。隔上語，乃虛頭不實者，隔下乃實語也。

○詐明頭：山云：「詐諳。俗諺也。」

○昆侖奴著鐵袴，打一棒行一步：山云：「此乃俗間，木匠鑿子之諺語也。」

○靜辨：俗諺也。閒靜無事謂之靜辨也。

○五味饡秤錘：饡，以羹澆飯，中有秤錘也。猶本朝俗諺，食物有石也。

○聱頭：山云：「栗棘也。言：「其俊機妙辯也。」或云：「四句諺，強物云聱頭也。不依物貌也。」

○物見主，眼卓豎：貓兒為主，鼠為客。山云：「尋常諺語也。認得元物也。」

○打野榾：或云：「越俗罵人之語也。榾，枯栟。彼地之薪柴，故打野榾為薪。」

○天寒日短，兩人共一碗：＊山云：「尋常俗語也。日短不妨饑也。」

○十八十九，癡人夜走：＊山云：「俗談，月色十八十九無月，黑地裏走癡迷之徒。

○湖南長老：方語，東道西語。又唐風俗呼理會不得者，以為湖南長老也。所謂近日湖南暢和尚出世東道西語，是也。

## 二、入日中僧和入中日僧的注釋

《五燈拔萃》還大量引用入日宋僧、元僧或者入宋、入元日僧的注釋，而他們注釋的也主要是方俗語詞，這不僅保存大量宋元漢語口語資料，而且極為重要極為珍貴的方俗語詞注釋資料，可以破解許多懸而未決，難以解釋的疑難方俗語詞。古文獻的疑難語詞，可以通過艱難的考證工作，考證出來，而方俗語詞卻缺乏這樣的文獻的材料，很難考證。這就是之所以說無著道忠的這樣的大學問家「在引用一山的時候差不多都是不加批判地引用。他一味相信一山的釋詞，其中稍欠批判性的事例也明顯可見」〔註3〕。因為無著道忠沒有到過中國，所以即便他學富五車，對沒有資料可查的方俗語詞，也只能望而生畏，無能為力。《五燈拔萃》在此方面的貢獻，十分巨大，中國國內還真很難找到類似的書籍。《五燈拔萃》引用入日宋僧一山一寧385處，其中「山云」383處，「山曰」2處，如：

○如金在井：《寶林傳》曰：「如金在井，如金出井，在井出井。世相去來，若約金體，都無動靜。」山云：「井喻身心，金喻定。」

○三佛出世：山云：「乃過去世之佛也。」又云：「不見名字也。」

○七佛金幢：山云：「塔幢也。《寶林傳》：「有一金幢，所有人眾，心有求者，悉皆得遂。幢上有字。以銀作之。名為七佛真幢。」云云。

○馱都：山云：「梵語，馱都。此云舍利。言就荼毘之場建塔也。」

○四五年：山云：「九年也。」

○日下：山云：「震旦也。」

○水中文布：山云：「水中者，流也。文布者，支也。」

○江槎分玉浪，管炬開金鎖：山云：「管炬，光也。」或云：「江槎，取流字。分玉浪，取支字。管，取統字。炬，取光字歟。」抄云：「管炬開金鎖，光統。光統者，帝都之所首〔註4〕。統、都，通音、通義故也。」

○二菩薩：山云：「恐言黃檗、裴休。尤不一定也。」

---

〔註 3〕參見入矢義高著，邢東風譯《無著道忠的禪學》，《佛學研究》，1998 年，第100～105 頁。
〔註 4〕首：字跡潦草難辨，據字形句義確定。

○心量與知同：山云：「心乃八識也。集起心也。量，乃七識也。思量名意也。知乃六識也。了別名識也。」

○恰恰：無間斷貌。山云：「明義也。又緊密用心也。又適當之辭。」

○並境有三遲：山云：「遲者，滯也。言連〔註5〕滯不能通融為一也。」

○頂謁：山云：「頂禮也。」

○通尊：山云：「大通也。媚秀字也。亦尊，乃大通禪師也。」

○日從蒙汜出，照樹全無影：山云：「說不得。恐有識意，亦難曉。」或曰：「照樹何無影，此是打翻而言上下一意也。蒙汜，水名，日入處也。」

○三不能：山云：「神佛三不能，與今二不能，曰五也。二不能者，戾上帝與奪地祇也。」

○忽雷澄：山云：「姓忽，雷澄名也。」或曰：「忽雷名，澄姓也。」

○傅之行矣：山云：「蹉過之貌也。」

○常春藤：山云：「四時開紅華。《大觀本草》云：『唐天寶中，有道士奏玄宗云：「有千歲蕶，食之得千歲壽。三年玄宗遣中使楊光庭採之。因造禪師室。」』云云。常春藤，即千歲蕶也。」或云：「日本甘蕶也。」

○只寧：山云：「如此也。」

○廝兒：《事苑》七：「廝，音斯。從使者也。」山云：「鄉談小兒也。」

○不強分別聖情孤：山云：「到此分別不深，聖情孤然異也。」

○竿木隨身，逢場作戲：竿木者，山云：「雜戲之器也。」

○新吳界：山云：「洪州之下地名。」

○家活：山云：「生計也。」

○三句：山云：「有無，亦有，亦無也。」

○女人拜：山云：「唐土女人，立拜屈膝而已，兩手當腰，鞠躬屈膝而已。《心華抄》。」

---

〔註5〕連：字跡潦草難辨，據字形句義確定。

○信彩：別本作信手。山云：「任運隨時意也。」又云：「信手擲之耳。」

○天王地位：山云：「欲界最下天也。」

○雍門：山云：「門之名也。諸州城處處有名號也。內裏有五重門。其前外門為雉門，其次為雍門。」

○青蓮：山云：「佛眼也。不死之謂也。《楞嚴經》注曰：『天竺有青蓮華。其葉修而廣。青白分明有大人目相，故以為喻也。』」

○一拍雙泯：山云：「兩個都倒了也。」或云：「一拍決勝負之謂也。」

○無勝幢：山云：「無勝，塔名也。」又云：「法幢也。維摩經什法師注云：「外國破敵得勝，則豎勝幢。道場降魔亦表其勝相也。肇曰：「外國法戰諍破敵，立幡以表勝。菩薩摧煩惱賊，除四魔怨，乃立道場建勝相也。無勝幢者，無常法幢也。」

○三寸：山云：「舌頭也。」

○住白沙道場：白沙：山云：「地名也。」

○采伊：山云：「采，管也。伊，伊動者。」

○主人擎拳：《傳燈》作勤拳。山云：「殷勤之義也。」或曰：「將拳止兒啼之謂也。」或云：「丁寧之義也。」

○鼓角動也：山云：「軍中行兵則有鼓角。鼓角動則是進也。開靜鼓動時，曉角又鳴。共是應時之貌也。」

○攢簇不得底病：山云：「此說不得。」又曰：「攢聚不得也。謂佛病、祖病、禪病、法病，一切有情，四百四病等也。」又曰：「按排不得之意也。」或曰：「就治方之詞。言攢簇多種靈方，以治之不得也。」

○和和：山云：「口中作聲也。」

○謝戒：山云：「大唐沙彌登壇受戒了，名為大僧。既受戒了，於諸老宿法眷處，禮謝，名謝戒。」

○一室有六窗，內有一獼猴：山云：「內獼猴，心意識也。外獼猴，境緣也。猩猩即獼猴也。」

○悄然：悄者，七小反，瀟灑貌。是代三角之語也。麻谷無語處悄然。山云：「默而無語，一切不動也。」

○正堂：山云：「方丈室也。」

○磕破鐘樓：《書林廣記》：「磕破鐘樓，與跨灶同。言子過於父也。」山云：「其有高大之作也。磕昔盍反石聲也。」

○華奴：山云：「貓兒也。蜀鄉談也。」

○工伎兒：山云：「工巧之人，能作伎唱，如傀儡之類。和伎者，幕中之主也。應其歌笑也。」

○十年賣炭漢，不知秤畔星：山云：「大唐，以秤子賣炭。言十年賣炭漢，不知秤上有星。」

○截耳臥街：山云：「惡輩之人也。」

○不施：山云：「便是不用也。」又云：「不貶剝也。貶剝是非也。」

○橐子：《傳燈》作托。山云：「茶盞臺也。」

○二彼：山云：「川和尚與龐翁也。」

○波斯吃胡椒：方語，吞吐不下。」又云：「不知來處。」又云：「家常茶飯。山云：「口辣說不得。」

○喪目前機：山云：「喪失也。目前之機關也。」

○伎死禪和，如麻似粟：山云：「無伎倆禪和也。」

○蠅子放卵：山云：「隨處點汙，才放便成蟲。如今夏間，一切物生蟲者，皆蠅卵也。卵，矢也。」

○朱紫誰為號，丘山絕點埃：山云：「朱紫何為號，丘山何為高之謂也。」

○江表：山云：「江西湖南之渥際也。黃檗門風盛於江表矣。」

○當人事：山云：「唐土以物送人曰人事。略以此當人情人事而已。」

○洪井：山云：「葛洪煉丹井也。宜州杭州皆有之。」

○露迥迥地：山云：「目前分明也。」

○脫膊：山云：「脫臂兒上衣，袒肩一同也。」

○湖南暢和尚出世，亦為人東語西話：山云：「亦是應機之語。」

○平白地：山云：「顯露之義也。」

○有主沙彌：山云：「事上如此，有師無師理。」

○招納：領納義也。山云：「不肯招賢納士也。」

○陀羅尼幢子：山云：「刊陀羅尼在石塔上，故以答名也。」

○鹽鐵判官：山云：「鹽鐵，共司國王賣買之官也。極有文才也。」

○據客置主人：山云：「有客了方具主人禮。」

○無著菩薩，夜升睹史多天，於慈氏菩薩所，受瑜伽論等。晝則下天為眾說法。即健陀羅國人也。佛滅度一千年中，出現於世：《傳燈》摩尼珠作牟尼。山云：「說如來事也。古有此語耳。不可曉也。」或云：「如此作用之人多。所謂天親無著等是也。言其作用已自在，為甚麼本分事不現前也乎？」

○魯祖開堂，亦與師僧東道西說：山云：「說不得。」或云：「僧問未有諸佛以前者，故以當代之事答。」

○木叉丱角童：言童兒丫髻，似木叉形。山云：「木叉之貌，似丱角也。」

○益州布，揚州絹：山云：「皆道地也。」

○赤骨力：山云：「赤倮倮之貌。」

○我三五日即發去也：即登去也。山云：「起發而去，即死之謂也。」

○遲一刻：山云：「嗟過了也。」

○無神通菩薩為甚麼足跡難尋：山云：「既是未有神通菩薩，其足跡因甚難尋。此亦無機之問。」

○酪本一時拋：言不本末枝葉之謂也，所謂無一法可傳也。山云：「乳出酪也，酪中出酥，酥中醍醐也。用處，酪酪和根本醍醐，而一時放下，忘滋味之謂也。」

○馬步使：山云：「領軍馬之官也。」鏡堂云：「敕使云殿使，又云馬步使。和訓カチハシリ也。」

○小廝兒：《事苑》七：「廝，音斯，從使者也。方言入聲呼。」山云：「鄉談，小兒也。」

○一葉明時消不盡，松風韻罷怨無人：源云：「古教不能照心，祖師玄旨不會，卻怨無人。」山云：「一種事也。」或云：「於一枝一葉上，分明受用不盡也。」

○草前駿馬實難窮，妙盡還須畜生行：山云：「此草前駿馬，其意情實難窮，雖然其妙盡時，本畜生行也。」

　　○法華鋒前陣，涅槃句後收：法華會上五千上慢，雖退出，至涅槃會上，得度了。天台宗，以法華為先鋒，以涅槃為殿後。山云：「天台教說法華，如破大陣，涅槃收殘機耳。」

　　○驢前馬後漢：山云：「奴兒婢子之謂也。」

　　○伏惟尚饗：山云：「死漢。」

　　○斫麤：山云：「如木匠斫木，未用繩墨，先用斧破去麤皮也。」

　　○擔枷陳狀：山云：「有罪之人，如何再陳狀。重其罪也。」

　　○煉頂：山云：「於頂上燒一番也。」

　　○引面：《傳燈》面作水。山云：「木棒之類。雪竇洞庭錄，拈古云：『觀和尚見新到來，作面引次。』云云。

　　○肚上不貼榜：源云：「佛菩薩胸題卍字也。」山云：「大官人不持榜入大內也。」或云：「不飾身之謂也。」或云：「及第時以金榜當胸云也。《心華》云：『一說云官家出行之時，必書官名於榜，而使僕御者，當胸掛之。所行焉，榜乃貼在肚上。若是大人何勞帖榜以表顯之乎。』」

　　○大隨一面事：山云：「山之一面也。」

　　○鵓鴿甎：山云：「一片不破之甎也。」又云：「以瓦作鬼形，葺屋角也。」或云：「渾崙一般也。」又云：「鬼面瓦也。」

　　○赤土畫簸箕：源云：「方語用，赤土畫簸箕，米跳不出。」山云：「用不得。」或云：「用土畫也。譬，以赤土畫簸形，不可出個中約束也。米跳不出其中。如此約束也。」

　　○郎當：山云：「狼藉也。」又云：「破損也。」或云：「老倒一般也。」

　　○井底種林檎：山云：「無義路之說。」

　　○為掛子：山云：「掛子，掛絡也。」

　　○華藥欄：山云：「此種華藥之處作欄也。曰華垣也。」

　　○火倉燒火處也：山云：「言汝是奴兒婢子也。」

　　○如陝府人送錢財與鐵牛：山云：「應機之語。」或云：「陝府有鐵牛如神，以錢財而祭之。」

　　○月裏藏頭：《雜譬喻經》云：「月夜龜上陸，犬見之欲咬龜。即有尾手足，俱引入藏殼中。喻之發心，彼有藏首之術。我無藏

無常殺鬼之術也。山云：「北斗裏藏身一般也。」又云：「如何藏得。」

　　○樂神：山云：「巫者以歌舞之事，取神喜樂也。」

　　○蓮華笠：山云：「作笠子，如蓮華之形也。」

　　○魯三郎：山云：「自稱其俗時名號。」

　　○栲栳：山云：「柳枝做，如土籃之形也。柳器也。」

　　○大藏小藏：山云：「大乘法，小乘法也。」又曰：「全藏半藏。」

　　○誰能屑屑事細行於布巾邪：山云：「其意，嫌戒律中，細細事。太巾麻布之衣律服也。多也。」

　　○苕溪上世為節察來：山云：「恐是苕溪和尚前生曾為官來也。節察，節度使之下官也。」

　　○身命急處：放身命處也。山云：「乃一切諸惡也。」

　　○三句：臨濟三句，第一句、第二句、第三句也。汾陽三句，如何是學人著力處，學人轉身處，學人親切處。山云：「三句，有無亦有亦無也。」

　　○弄得六出：山云：「他是明宗門中事也。六出恐是六根門頭事也。出者，品之義也。弄師子，有六品也。」

　　○如人接樹：蓋二而一之謂也。山云：「如以別樹枝，接在樹上，或生或死，不可測也。言頭上安頭，用處歟。」

　　○山長：山云：「此山之主長也。老宿之義也。」

　　○添香：山云：「燒香也。」

　　○跛跛挈挈：急急貌。山云：「太急急也。千里之忙也。跛，行不正也。」

　　○郎幕：山云：「太官人之下，共評議事之小役人也。」又云：「觀察使下平定之官等也。」

　　○不順世：山云：「此不順世，非死之意。乃不順世間，則有一路也。」或云：「不順世者，有該不得處也。」

　　○閨閤中物：山云：「精欲貪愛之事也。」

　　○腳底著口：能說能行也。山云：「說不得語也。」

　　○打羅：山云：「篩麵也。」

　　○風吹荷葉滿池青，十里行人較一程：山云：「較，爭也。相去遠隔一程地也。貪看行後，故趁不及相去遠。一人在前一人在後。」或云：「今日當行十里，途中見荷，貪風興，不進步，只行一程也。」或云：「十里，路只行一里也。」

　　○長生路上人：山云：「只是惺惺底漢，欠轉身路在。」又云：「不生不死之義。非長生庫。」

　　○一亙晴空，是普賢床榻：山云：「一亙，言橫亙十方也。清淨境界也。一字橫畫也。」

　　○節度使信旗相似：下令也。以黃絹作旗書令字，其下一一書，禁制之事也。山云：「急而行也。不可違犯之令也。」山云：「急而行也。不可違犯之令也。」又曰：「此旗所到之處。人不敢違犯。所行事，必要成辦。」

　　○突曉：山云：「破曉也。」又曰：「早朝也。」或云：「突曉昊曉也。」

　　○釋迦慳，迦葉富：山云：「無義語。」

　　○百歲老人分夜燈：山云：「暗中求明。」

　　○髑髏前見鬼人無數：山云：「玩弄光影之徒。」

　　○偷佛錢買佛香：山云：「就自身自用也。」

　　○蛇為甚麼吞卻師：山云：「小蟲名蛇師，卜カケ。」

　　○該通分上卓卓寧彰：言元來該通，何別顯也。山云：「該通，廣演法要也。卓卓者，分明義也，混同一會之意也。言書〔註6〕是仙陀書云語同也。分上，《傳燈》作會上。」

　　○燭明千里像：一山云：「遠見也。」或云：「像者萬象也。」

　　○龍銜海珠，遊魚不顧：一山云：「不是上機之人，豈識者個。」

　　○不垂曲：山云：「不作方便也。」

　　○未逢別者終不開拳：山云：「恐是西天祖師生下，便握拳等歟。」又云：「別者，辨別也。」

　　○指南一路，智者知疏：山云：「不親近也，疏遠也。」或云：「上根之人不財此也。」

　　○青山常舉足，白日不移輪：山云：「臨機語也。」

────────────

〔註6〕書：字跡潦草難辨，據字形句義確定。

○擲寶混沙中，識者天然異：山云：「寶在沙中，有能識者自知是寶也。」

○白首拜少年，舉世人難信：山云：「在《法經》取意。」

○土宿雖持錫，不是婆羅門：土宿之形，如外道婆羅門之形也。山云：「土宿，星名，騎山牛而行甚遲，此星持錫。」

○消停處：用也。消停，山云：「消散停留二法也。」

○馬是官馬不用印：山云：「唐土馬身上各有印，既是官馬不印也。」

○一老一不老：山云：「洞山宗旨，說渠我之意。」

○三從六義：婦人幼從父，嫁從夫，夫死從子。是有三從之義。謂女有六義，孝友睦姻忠和也。山云：「婦人有三從義，六義未詳。恐是毛詩六義乎。」

○坐佛床，斫佛樸：源云：「以樸木造佛床，坐其床斫其樸木。大意著佛衣吃佛飯一般也。」又曰：「以木雕作佛，方造之時田樸。」又云：「以木造佛神也。」或云：「斫佛樸，猶言斫佛身也。樸鑄音通，金銀等鑄也。山云：「作自己工夫意。」又云：「只就自己。此謂自身本來是佛，亦須修持也。」或云：「巡人犯夜。」

○懸劍萬年松：山云：「未詳出處。李箚掛劍事歟。」

○門前真佛子：山云：「是處是慈氏，無門無善財。」

○不勞懸石鏡，天曉自雞鳴：異苑，南方獻雞，鑒石鏡而舞不止。山云：「本自明白之意。」又云：「是鏡也。」

○中言：山云：「曉不得，」或云：「中的之語也。」

○倜儻之辭，時人知有：山云：「戲弄之言語也。」

○玉女夜拋梭，織錦於西舍：山云：「機語也。先達云：「無蹤跡之謂也。」

○不帶容：言佛無相貌也。山云：「無形段。」又云：「不用容色歟。《傳燈》帶作戴。」

○摩利支山：山云：「天竺之山也。賓頭盧一所居之山也。」

○摩尼寶殿有四角，一角常露：《文殊菩薩問法身經》曰：「如摩尼寶舍有四角，從一角視，悉見諸角，無所缺減。是故見諸本際。」《宗鏡尺》云：「若了一心本際何法不通，以諸法從心所生。皆同一

際，住此際中。一一圓滿，舉目咸是。何待意思，智不能知，言不能及。故云：『金剛寶藏，無所缺減。』」山云：「曉不得。」或云：「在兜率天。」

　　○鐵蛇鑽不入：山云：「言入作處，如銀山鐵壁，豈無容易得入。」或云：「以錐如鑽不入也。」

　　○一劍話：或云：「龍牙問德山語。」云云。山云：「臨機語話也。」又云：「不必有此話。」

　　○饒你雄信解拈鎗，猶較秦王百步在：單雄信，王世充，將也。善用馬槊，號飛將。山云：「小說，唐太宗為秦王時，因出獵，被王世充之軍圍了，得尉遲敬德，以棗木槊拒之，得脫。遲同遲。」

　　○將軍不上便橋，金牙徒勞拈箭：源云：「便橋，王宮門前橋也。將軍騎馬，不能上其橋。金牙饒在橋而欲射之，豈可得乎。」山云：「從古有此語，不知所出。此說軍陣中事。」

　　○李廣不當名：山云：「功名不居也。」

　　○生機：山云：「活機也。」

　　○披衣望曉，論劫不明：山云：「有心求聖便是錯。縱雖到曉望之，不明。蒙頭不知天明也。」

　　○有異祖龍行化節，迴超棲鳳越揚塵：源云：「祖龍人名也。騎竹化龍。棲鳳亦竹名也。越揚塵者，不著塵埃也。」山云：「祖龍棲鳳共竹也。祖龍乃秦始皇。今此祖龍，恐是竹也。竹有棲鳳。又遇化飄揚風塵也。」或云：「竹乃化龍之物，故稱之為祖龍。」

　　○石羊頭子向東看：山云：「應機之語耳。」或云：「石羊頭子者，地名，自此處東頭。」

　　○拄杖孔：山云：「卓杖之跡也。」

　　○繁興不布彩：山云：「大用繁興也。大用繁興，無作也。彩者光也。」或云：「不布彩，不作事也。彩者眾色也。」或云：「無飾心也。」

　　○搆去：山云：「搆及也。得也。」又云：「汝見得此事分明也。」

　　○廠：齒兩反。屋無壁也。山云：「春米之處。」

　　○夜裏暗雙陸，賽彩若為生：山云：「夜間賭博，看彩不見。言無分曉也。」

○白蹋僧：山云：「是遊州獵縣，空空閒走之僧也。」

○一鋪功德成就也未：《傳燈》作「一尊功德成就也未」。山云：「衲僧本命元辰。」或云：「大庾嶺有開造佛之鋪者，假以為義。」

○碗躂丘：山云：「中國用木小條片，纏成碗器。方用漆結束，時久必損。損則成條片，乃底丘脫去了也。此言無用物也。」

○垛根：山云：「停留之意。」又云：「行不進貌也。」

○如雞抱卵：山云：「不曾違時失候也。稍違失便不出，當出殼時，啐啄相應，子啐母便啄，破殼子得出。」

○師子被六塵吞：山云：「經教中必有，不知何經。」

○口似匾擔：山云：「此開不得，不能言說也。」

○水精甕裏著波斯：源云：「波斯國在海中，故曰如是。」山云：「多少分明。」又云：「無道理，不可注解。」方語也。注云：「多少分明。」

○道士擔漏卮：方語也。注云：「漏泄也。」山云：「漏卮，盛水不得之器，空自辛苦也。」

○東牙烏牙皆出隊：山云：「俱寺名也。出隊，此勸化也。」

○生按著：山云：「特地與他案定之也。又生案著，乃一一與他案過驗過一同也。」

○阿㖿阿㖿：山云：「忍痛之聲也。」

○聲前古毳爛：山云：「機語也。」或云：「未問以前已答了。」

○亞身：山云：「坐時作挺身勢耳。」

○瓜州賣瓜漢：方語，屋裏販揚州。山云：「屋裏鬻揚州一般也。瓜州便是揚州也。」或云：「擔水賣河頭一般也。有何益乎。」

○卓朔地：山云：「驚惶之貌也。立耳貌也。」

○沒標的：源云：「無定據也。」山云：「標的者，射垛也。言極目見的也無。」

○九女不攜，誰是哀提者：山云：「曉不得，教中恐有此事。」或云：「安國師請注云：「九女，少子也。言十歲已前，幼稚而不能自立之女子，誰助之乎。」

○貞女室中吟：山云：「正也。貞正之女，在房中自吟詠。」

○欹枕覷獼猴：山云：「閒中看他忙亂也。」

○趁讚：山云：「隨隊喧鬧。」

○頂族：山云：「諸佛向上事也。師云：「祇如從上宗乘，是諸佛頂族，汝既承當不得，所以我方便勸汝，但從迦葉門接續頓超去。云云。」

○業次：山云：「此業次第歟。」

○身見命見：惜身命之見也。山云：「身見者我見，命見者壽命見也。依業所隨，悉現前也。」

○著地：山云：「立地一般也。」

○奉王：山云：「即是明向上巴鼻。」

○因我得禮汝：山云：「仙人禮蜀妻。言先世依此蜀妻苦行，得為仙人也。言僧來禮拜，是因師禮拜此僧也。」

○料掉沒交涉：山云：「極隔遠也。沒交涉，尋常之語，無相干也。」

○打水：山云：「只是汲水也。」

○疏頭：山云：「唐土僧去勸進，必有疏頭。」

○南泉在日亦有人舉要，且不識南泉：山云：「古人語也。」或云：「言南泉會下雖有舉揚南泉言句，而不知南泉意旨，之謂也。」

○狂狖無風徒勞展掌：愛風展縮手也。或云：「勇風者歟。」山云：「曉不得。」

○草童：山云：「刈草之童，即牧兒也。」或云：「以草作也。」源云：「以草打成童子形。」

○蹋曲子：山云：「口唱腳蹋也。」

○合殺：山云：「了辦也。」或云：「畢竟也。如何了當之義也。」

○溫䖔：山云：「吐出也。」

○鬥百草：山云：「中國小兒子成隊，取百草鬥。一人有奇異之草，眾人都無之時，便是贏也。」

○得對相耕去：山云：「此恐錯寫了，曉不得也。」又云：「只是相打有對頭之語。」或云：「得相伴云也。」

○素非後蹋：山云：「我素來，不是繼他後蹋。」

○執缽不須窺眾樂，履冰何得步參差：山云：「執缽如如來弟子，豈可看他作樂事？」《智度論》云：「汝已剃髮著條袈裟，執缽

行乞食，云何樂著掉戲法，放逸縱情失法利。」山云：「佛弟子豈可著作樂事。」又見《修行道地經》第三。

　　○上紙墨堪作甚麼：山云：「此事不在言語也。」

　　○幾就支荷：山云：「支當負荷。」又云：「支擔負荷。」或云：「幾得扶持也。今時事乃立扶持也。」《心華》云：「言即今底道理，不假他人支荷，悅涉問答，則近支荷。言何不獨脫。」

　　○封了合盤市裏揭：山云：「合盤入果子箱也。」或云：「用合箱往市開之也。揭，開義也。大家見得也。」

　　○火燒裙帶香：裙帶香，山云：「香名也。」

　　○海燕雷聲：山云：「海燕小鳥，如何作雷聲。」

　　○遣往先生門，誰云對喪主：山云：「童子求學之處。求學問禮，然後吊葬可也。未明禮對喪主不可也。」

　　○木鏡照素容：山云：「無分曉。木鏡豈照素容哉。」

　　○懵底那能解回互：山云：「懵暗之人也。」

　　○四楞塌地：山云：「全身放倒。」又云：「和泥合水也。」

　　○金櫻樹上不生梨：源云：「金櫻樹，石榴也。」山云：「種菽不生麻，一般語也。」

　　○靜處薩婆訶：山云：「言可於靜處修習也。」

　　○阿喇喇：《傳燈》作阿邪邪。山云：「忍痛聲也。」

　　○較中更較去：山云：「遠之又遠也。較一線道中，一線道較之謂。」又云：「是非中是非也。」或云：「恐計較中更計較也。」

　　○延平屬劍州：山云：「延平津也。乃雷煥之劍，墮入水中化龍之處也。」

　　○安頓著：山云：「無端被汝安在法座上也。」

　　○鎖口訣：」或云：「鎖斷咽喉之訣也。」山云：「不用說。佛光禪師有鎖口訣。」

　　○八棒十三：山云：「斷罪十三，只打八下。省數也。」

　　○不得雪也聽他：山云：「是事明白也。任他如何也。」或云：「雪者，說字也。借音也。言說不得之謂也。」

　　○傍瞥：山云：「是假借。言不是真正提持也。」或云：「傍瞥，只是瞥地。急會去也。傍邊亦能瞥地，那邊亦能瞥地也。」

○九月九日浙江潮：或云：「曉不得。」山云：「潮正大也。」

○諸餘奉納：言諸餘又不可。山云：「一切分附了。」

○金榜上無名：登科謂之金榜掛名。山云：「不得及第也。」

○通天作用：山云：「自作用也。」又云：「雷之大神力也。」

○周由者也：山云：「之乎者也，一般也。」

○抖訴地：山云：「嗔怒貌。」

○詐明頭：山云：「詐諳。俗諺也。」

○開口入耳：言出言便入耳也。山云：「出言弟子入耳也。」

○性源常鼓浪，不悟未曾移：山云：「惹得性源無浪則，此性不移動也。」

○索喚則有交易，不索喚則無我：山云：「索喚，欲買呼索（ヨビモトム）也。交易，以物相互換也。如錢買物一同。」

○長行粥飯僧：山云：「隨眾也。尋常無事閒人也。」又云：「隨眾而行人也。」

○無表戒：山云：「作法受得，謂之表戒。內愥德之無表戒，言相戒也。」

○時人功幹：世人作為之事。山云：「此功勳歟。」

○一品二品：山云：「猶落階級也。」或云：「一級二級之意也。」

○五華圓相：山云：「畫此❀相。」

○非梁陳：反語也。梁陳之代，頓滅故也。」或云：「不付一方用處也。不依梁代，不依陳代也。」或云：「不涉時代也。不經階級用處也。」山云：「二國名也。言不涉時代也。」

○羊頭車子推明月：山云：「羊頭樣之車子也。不必駕牛馬，人手推之。或載人或載物。」休曰：「揚州平地之境，用羊頭小車載物，一人推之。車頭似羊首，曉夜行也。」又云：「作木羊，置轅下，做引車模樣，實人在車後推之。此車多在東京。」

○徒誇東陽客，不識西陽珍：東陽，西陽。山云：「兩處地名。」源云：「徒誇東陽人，不識西陽好事也。」

○吹叫子：山云：「以小物於口中吹作聲也。」或云：「叫子者角笛也。」

○六隻骰子滿盆紅：山云：「骰子六隻在盆中擲之，得紅點多者則勝，勝則為得彩得頭。」

○哪哪：《傳燈》作邪邪。山云：「應機之語耳，無有義理也。」或云：「低聲之意也。」

○退後消停：退字，《傳燈》作別。消停，山云：「止息之意。」又云：「消散停留二法也。因沈吟思繹也。」或云：「擬議也。」

○左搓芒繩縛鬼子：山云：「用左手打繩要縛鬼子。此道家之術也。」

○探頭：山云：「探水一般也。言來探覷你深淺好惡也。探頭太過者，探覷過分外也。」

○昆侖奴著鐵袴，打一棒行一步：山云：「此乃俗間，木匠鑿子之諺語也。」

○四六八對：山云：「四字一對也。八對者八句之詩。」

○僥叨：山云：「過分也。本不當在高位而僥倖，叨叨在上也。」或云：「無道德乃繞也。承天子恩乃叨也。」

○假果子：山云：「木頭做，裝點青黃。常住用也。」

○羅公詠梳頭樣：源云：「羅公，老人也。詠梳頭詩。」方語，羅公照鏡，注，老不知羞。山云：「曉不得。」

○官方：山云：「乃是於公界處告訴也。」又云：「官方乃論訴事也。」

○猶是三緣四緣：山云：「三緣者，父母和合又加一物，而有此身也。四緣者，地水火風也。」《涅槃經》云：「三事和合得受此身，一父二母三中陰。」

○除卻四字：山云：「本來面目之四字也。」

○展鈔牒科：山云：「講經之人，其疏鈔，牒其科文也。」

○結束囊裝：《戰國策》注云：「裝行具也。山云：「裝束衣裳也。」

○頂族：山云：「向上事也。」

○阿剌剌：山云：「急切之詞也。」

○背楚投吳，方為達士：山云：「伍子胥之事。因弄楚而走吳，力報其父之讎。」

○將取三兩粉來，與這個上座：三兩粉，壞粉也。莊嚴云義也。
山云：「此僧不知羞，可與之遮藏。」

○允即不違：教我之時，我也依他。山云：「允相從也。」又云：
「許也。」

○圓中取不得：山云：「布短了，捏造不成。言不圓成也。」

○古皇尺一寸：山云：「上古之尺稍長。」又云：「古帝王造之
尺也。久所擔負未逢人也。宗師家有裁。」山云：「恐是鏡一面平。」

○擁雪首揚眉：山云：「白頭而揚眉。」

○臥單：山云：「不是眠單用布做，或三幅四幅，長七尺，僧俗
同有之，富家則錦繡作之。夜臥衣被之下蓋之。夏間但用之。此寒
則錦被夾被，或衲被，三個五個多少隨時。」云云。

○大軍設天王齋：見僧史略。山云：「毘沙門天王也。」

○婆娑眼：言不眼花也。山云：「曉不得。」

○少父：山云：「少父不是正父也。偏位。」源云：「曾作官了
後做閒人，傍人尊重他，吃做少父。」林云：「言父少而子老之義也。」
或云：「少父，父義也，如叔，無真的非真父也。」

○梁公曲尺，誌公剪刀：只是誌公之物也。誌公在梁時故云梁
公乎。誌公三識中，以曲尺識梁主，以剪刀識齊主，似拂子識陳秀。
曲尺，量也。量梁音同。剪刀，切齊意也。陳，塵，音近也。拂子，
拂塵也。云云。口傳如此。山云：「此梁公未明得也。」

○索戰無功，一場氣悶：山云：「兩陣戰爭之時，索他相戰，他
不動也。」

○挾頭：山云：「殿邊小間之屋也。」

○爛炒浮漚飽滿吃：山云：「機語也。」又云：「福州鄉談，罵
人語也。」

○親宮事：山云：「父母事也。」又云：「東宮也。」

○老僧行年在坎：山云：「坎，易卦。本年值坎在命，便有凶災
之事也。」

○久居岩谷，不掛松蘿：山云：「無住著之相。」

○蛇師：山云：「小蟲名蛇師。」

○不占上：山云：「何客只可居下，不可居上位也。」

○井底架高樓：山云：「如何建立得。」

○好來：山云：「好來幸然如此也。」

○聃耳鬍頭：山云：「老子之相。」

○騎牛戴席帽：山云：「多少不自在。」

○騎牛去穢：山云：「多少不自在。」或云：「如何脫得。」或云：「機語。」

○薄際不收：山云：「廣大際會而不收錄用也。」

○一歲圓光：山云：「當人分上之事。」

○手巾寸半布：山云：「如何用得。」

○支本通別：支者，二百五十戒。本，四重也。通者，大乘戒，在家出家共受。故云通也。別者，聲聞小乘戒，二百五十也。在家不受，故曰別也。山云：「支派本宗，或通或別。則不同乎。律宗支者條也。本者根本，乃身口意七支也。自此分枝葉，二百五十戒也。」

○無私不墜的：準的也。必中也。正也。《傳燈》私作思。山云：「不思其中的也。」源云：「大道無私也。」

○好大哥：山云：「唐土相呼人之語也。」

○三個孩兒抱華鼓：山云：「小兒戲具，鼓上畫華也。臨機語也。」

○龍蒽一木盆：山云：「盆之形。」又云：「鬥釘之貌。胡亂安排也。《傳燈》作攏總。」

○任將天下勘：山云：「天下人貶剝。」

○南泉甚好去處：山云：「急作手腳。」又云：「只是應機之語也。」或云：「南泉遷化向何處去，東家作驢等也。」

○潭中豈滯玉輪機：山云：「玉輪，月也。」

○室內無靈床，渾家不著孝：靈床，安死人床也。山云：「無死則不服孝。」

○戌亥年生：山云：「解說不得也。」或云：「師之生年歟。未詳。」

○扇車關棙斷：扇車者，山云：「扇中風車子也。關棙斷則用不得。」又云：「扇車者，以轆轤作機扇，不費人力而被扇也。」

○額上不貼榜：山云：「不知。」

○打動南山鼓，唱起北山歌：山云：「信口亂道。」

○犯著應須總滅門：山云：「滅除一家門戶也。雖曆日變，吉凶於三世不變也。雖曆日變若犯滅門也。」或云：「曆有名目，吉日云：金剛峰。」又云：「甘露。惡日云：大禍狼藉滅門也。」

○白眉：或云：「英俊之人，曰白眉。馬良，眉有白毛。」山云：「賊人歟。」或云：「賊人也。畏者云也。白眉大蟲云也。」

○布袋盛烏龜：山云：「方語也。此恐是出頭不得也。」

○宸苔豈車碾：山云：「宸者，君主所居。宮殿苔生，乃君王不居正位也。佛源云：「宸者，王位。大意，空王殿人不到，車豈碾苔乎。」

○東壁打西壁：山云：「太狼藉也。」

○猴愁摟揪頭：摟揪，」或云：「爬頭貌。」或云：「猴之意急逸故，愁時抓頭云云。山云：「此每句皆一音之字。巧為語也。」

○捷書露布：捷書者，山云：「征戰得勝，有書報朝廷。翁云：「御書而不封，謂之露布也。為令萬人速知事吉凶，書之插立於街頭也。或有實事，亦有虛頭，臨時不定也。故用所者，胡亂也。」

○死馬醫：山云：「馬既死了，且醫看。活也得。死也得。」

○香山南雪山北：香山，須彌也。山云：「濟江之水直到新羅。」

○肘後懸：山云：「救病藥方也。」

○指揮使：山云：「軍陣中指揮眾軍之官也。言束手歸朝，汝未到其分也。」

○興義門：山云：「南唐城門，堯城一同。」

○竭斗：山云：「竭斗，點慧禪和子也。或作，碣斗。碣斗，獨立貌也。」

○念話杜家：山云：「叱其僧也。只是學語之流，村社之人也。」

○仕版：山云：「官爵之帳歷也。」

○洛幕：山云：「洛下為下官僚。幕，小官也。」

○撞彩：山云：「忽然逢得好事也。撞著好事也。」

○口似紡車：山云：「喧喧地。」

○一念通玄箭，三戶鬼失軒：山云：「一身有三身。鬼常尋人過患，以告天帝。此道家所說也。言通玄箭者，指自己本來箭也。明

自己則三鬼失使也。一箭一蓮華。佛因位時，外道射佛，箭箭皆成蓮華。」

〇劫劫波波：山云：「太忽忽也。」或云：「奔走貌也。」

〇釘根桑樹，闊角水牛：山云：「深固也。闊角水牛，有力也。」

〇紫羅帳裏撒真珠：方語，盡情分附。山云：「方便。」

〇吳中石佛：山云：「石佛在吳中。」或云：「平江府開元瑞光寺，有二石佛，乃迦維衛佛。自海上浮來，到今存焉，名吳中石佛像也。言雖在目前總人不知也。」

〇京三卞四：覺云：「人姓也，猶張三李四也。」山云：「方語云：丁一卓二，京三卞四，猶未詳。」大休云：「建帝都列府內地形，荊三卞四，荊與京音同。」或云：「爭地形殊勝，荊州第三番，卞州第番也。」

〇甘露臺前逢達磨：山云：「鎮江府甘露寺也。甘露臺，潤州。達磨始至金陵見武帝，金陵未有之，鳳凰臺有之。疑喚甘露井作甘露臺歟。」

〇山前華堯民解元：山云：「華，姓，堯民，名。解元，秀才之稱。」大休云：「解元者，及第之次第也。一狀元，二解元，三省元。」

〇十八十九，癡人夜走：山云：「俗談，月色十八十九無月，黑地裏走癡迷之徒。」

〇楊廣失橐馳：方語也。注云：「自荷負。」關云：「欲荷負駱失之也，故自荷負。」大休云：「楊廣者，盜人也。失橐馳者，偷別人橐馳，而後失之，遂不能得也。」山云：「楊廣，將軍，將軍則無可以運物。馳，乃背上運物之獸，極能負重。後漢有賊名楊廣云云。」

〇後五日看：山云：「且緩緩地耳。」

〇三生鑿成：山云：「石佛在吳中。石佛，三尊也。」或云：「南山道宣律師三生而鑿成彌勒像也。石佛也，額寶相。」

〇索性：山云：「盡情義也。」又云：「盡底義也。」

〇質庫中典牛：山云：「今典錢庫也。以物質錢，名質庫。」古鈔云：「質庫者，獄名也。典牛者，為大牢鼎祭神也。」

〇全火祇候：山云：「一隊人聽候指揮。」

○天寒日短，兩人共一碗：山云：「尋常俗語也。日短不妨饑也。」

○曲中無限華心動：華心，山云：「曲名也。」

○課最：收納其錢也。山云：「乃是官司官稅之職也。」

○兔子吃牛妳：方語，執事蹉過了。山云：「搆不及也，牛之出乳處也。」方語云：「吃不得。」

○央庠：山云：「唐土婦人妖妍之態。逞風流之人耳。」又曰：「柔和貌。和訓ノ，ワカワカトシタル義也。又講學未十成，謂之央庠座主。」

○藍鑱：山云：「突出貌。」

○中書堂：山云：「朝廷宰相百官，議國事之堂也。」

○客是主人相師：山云：「客人能見主人之善惡。」

○布針開兩眼，君向那頭看：山云：「無義之語也。縫布針也。針耳兩方看貌也。」

○吹叫子：吹弄聲物也。其器不可一定也。山云：「以小物於口中吹作聲也。」

○坐地看揚州：山云：「冷地裏看好惡也。」

○拋江過岸：山云：「拋棄也。拋棄江河而到岸也。」

○編辟之，其所對了無凝滯：山云：「編辟，挨拶一同也。」

○堋口廓院：山云：「堋口，地穀。廓院，唐之大諸山中市邑中有屋，大小不同，住持知事到時，於此止宿，如京中及倉，皆有屋數十間以居，若人坐守到時如家一同。」

○山中有異象：山云：「有個象來異象，現諸瑞相也。」

○雞啼白晝：山云：「師嗜吃雞事，並見《正宗贊》。」

○擲金盆：東云：「禪語也。何必須以孩子擲金盆之中乎。只孩子以金盆擲之也。」山云：「富貴之家，物生以金盆盛白湯沐之。」

○瞻大像：山云：「一座小石山，就此山鑿成大像，像身上立建大殿閣。」

○不釐務侍者：釐，理也。山云：「不治事也，只名而已。」

○女真之變：女真，山云：「北狄大金國。此乃欽宗徽宗時，大亂東京。帝被虜而去，死於其國也。」

○麻纏紙裹：山云：「眼前手段，胡亂捏合也。」

○聲頭：山云：「栗棘也。言其俊機妙辯也。」或云：「四句諺，強物云聲頭也，不依物貌也。」

○夜明符：山云：「神仙符。」

○研槌撩餑飥：山云：「使不得。」

○大斧斫三門：山云：「大開也。」

○按下雲頭：山云：「抑下威光也。」

○尺八五分鑷頭邊，討一個半個：山云：「不滿足也。少分有得耳。」

○五里牌在郭門外：山云：「唐土州郡之外，大路有牌堠子。」又云：「分明也。」或云：「如言有一重關。」

○缽盂添足：山云：「時僧之具，一切皆換不同，別用碗子也。」

○筐油費醬：筐，竹器也。シホテ。山云：「費了多少油醬。作料之多費也。」

○經界稍嚴，不許詭名挾佃：佃，乃不被官知之田也。私田也。經界稍嚴，山云：「用六尺之弓，於田地之上，量過見大小闊狹，以定租稅，古法也。」

○抱橋柱澡洗，要且放手不得：多少不自由。山云：「三腳驢子弄蹄行等話也。此則上舉驢子話。」

○那吒擎鐵柱：山云：「大王棒搭也。那吒說大也。」

○未明三八九，不免自沈吟：山云：「機語也。」或說云：「三八與九合則三十三也。乃四七二三也。言若未達宗旨家手段，只是空沈吟者也。」

○當陽揮寶劍：山云：「須是作家始得，誰放當鋒。」

○莫詐敗：山云：「虛偽也。」

○無隔宿恩：山云：「無恩義。隔一夜，便忘了。」或云：「臨濟云：「逢佛殺佛逢祖殺祖，無情無義，不知恩者，可參臨濟禪。一切截斷了，何恩之有。」或云：「留令一宿，乃是恩也。要繼臨濟，須具奪食之手也。又無隔宿恩者，無些些恩也。」

○彌浹：山云：「十餘日也。浹辰，十二日也。見《尚書》。」

○作鼓刀勢：山云：「運刀之勢。」

　　○頭戴貂鼠帽，腰懸羊角錐：是胡人戴頭帶腰者也。法眼偈，傳燈二十四。山云：「少獸其皮可做頭帽。羊角錐用解衣帶之結。此北番之人多如此。」

　　○伎死禪和，如麻似粟：山云：「無伎倆禪和也。」

　　○查梨：山云：「辛苦也。」或云：「梨子也。取寒酸之意也。」

　　○五彩畫門神：山云：「無義語。」又云：「家家有之。言顯露了也。家家門戶，於符上畫鬼神也。」

　　○物見主，眼卓豎：貓兒為主，鼠為客。山云：「尋常諺語也。認得元物也。」

　　○三十年後趙婆酤醋：方語歟。自去來。山云：「面見愈醜也。」或云：「我醋甚好。自誇要人買也。自歎之義也。言三十年後定可知味也。」

　　○好大哥：大哥，常謂兄也。今不然。機語也。古尊宿於末後句，多用此語。就中石門蘊禪師說法了，說好大哥稱為蘊大哥也。山云：「唐土相呼人之語也。」

　　○過蓬州了，便到巴州：山云：「蓬州甚高，去天尺五也。巴州，蓬州，集州，壁州，共相連也。去天三尺也。」

　　○覷地覓金針：山云：「宜子細尋覓。覓金針者，小知小之謂也。」

　　○九女：山曰：「少室也。嵩少，安所居也。」

　　○怎生：山曰：「芝各及，台州鄉談，與作麼生一般也。」

「山云」「山曰」指一山一寧說，這是眾所周知，無需考證。

《五燈拔萃》有「覺云」4處，如：

　　○大乘研郎當：大乘者，覺云：「大謂也。研郎當者，乃無分曉而作勢之謂也。」又云：「十分狼藉也。」又云：「作事不伶俐也。」或云：「粗貌也。不事事也。」已上《普燈抄》。元抄云：「大乘者，今所住寺號也。」

　　○保正書門：或云：「保正者，日本之郡司也。」覺云：「保郡也，正郡守也。鄉村中一鄉之主，名保正里正。」

　　○京三卞四：覺云：「人姓也，猶張三李四也。」山云：「方語云，丁一卓二，京三卞四，猶未詳。」大休云：「建帝都列府內地形，

荊三下四，荊與京音同。」或云：「爭地形殊勝，荊州第三番，卞州第四番也。」

○操蜀音：覺云：「鼻音也。」

「覺」應該指蘭溪道隆（1213～1278），四川涪陵人，諡號「大覺禪師」，南宋臨濟宗楊岐派僧，日本臨濟宗大覺派之祖。淳祐6年（1246）入日，歷住圓覺、泉湧、壽福、常樂、興國禪、建仁等寺。著有《大覺禪師語錄》3卷。

《五燈拔萃》還有「源云」32處、「佛源云」2處，「大休云」19處，「休云」4處，「休曰」1處，如：

○善財拄杖子：源云：「未作主在。」

○酪本一時拋：源云：「大意，乳出酥酪醍醐一時拋〔註7〕者。」

○自領出去：源云：「自擔取去。負罪之謂也。」

○不喝彩：源云：「無勝負也。」或云：「乃是輸機。」又云：「不抓重一義也。」

○歲歲出靈苗：佛燈云：「田中高處出好苗也。」源云：「中間地脈肥腴，出好苗也。」

○紅嘴飛超三界外，綠毛也解道煎茶：源云：「紅嘴者，鸚鵡也，解學人語。綠毛，鳥名也，亦解言煎茶也。東坡詩：『倒掛綠毛么鳳。』注：公自序，詩人王昌齡，夢中作梅華詩。南海有珍禽，名倒掛綠毛，如鸚鵡而小，惠州多梅華，故作此語。出《草堂詩注》。紅嘴超三界，今用處，不假戒行，度生死海也。鸚鵡現身往生因緣。見《通論》也。」

○鶴帶鴉顏，浮生不棄：源云：「鶴已作鴉面也。人豈不捨乎？」或云：「異相故人愛之不棄也。」

○烏頭養雀兒：源云：「烏頭豈養雀兒乎。方語，死了也。」

○卓火：源云：「以手拈火柴卓之也。卓火，手指入火中也。」

○城中青史樓：源云：「大唐秘書樓也。」

○狗銜赦書，諸侯避道：源云：「天子赦書。正令行時，雖是狗銜走，諸侯大守之臣皆避，當路不敢犯上也。」

○獵師前不得說本師戒：源云：「佛戒以斷殺，獵師不信則不說也。」《梵網經》云：「誦我本師戒十重四十。」

〔註7〕一時拋：原文為省字元「——」。

○一堵牆百堵調：佛源云：「五枚為一堵。能作一堵牆者作百堵牆。調者，調曲也。故能成一堵調，以為百堵調。」私云：言因最初一堵手段，百堵亦如是。

○幽州猶似可，最苦是新羅：源云：「幽州最遠絕之地，猶可在，最遠是新羅外國之鄉。」

○一牛飲水，五馬不嘶：源云：「一牛，比清高之士。五馬，比名利之士。」或云：「巢父許由事。五馬者，太守也。」

○不立人：源云：「亦無眾生。」

○沙書下點落千字：古人寫字有錐沙之盡。言用筆深重如此，下點則有千字之義也。用工多也。源云：「握沙書字下一字，便作千點，其數多故也。」或云：「點事也。以沙入物振，落字形見定吉凶也。」

○緣情體物：源云：「三緣和合生子，緣情體物，此意也。體者，契物義也。」

○喋：文甲切，食也。源云：「吃一般也。」

○一堵牆，百堵調：佛源云：「五枚為一堵。能作一堵牆者，作百堵牆。調者，調曲也。故能成一堵調，以為百堵調。」私云：言因最初一堵手段，百堵亦如是。

○酒望子：大休云：「以絹布作牌，言好酒令人望見之。」

○贈三椎：謝三郎，詑作此也。或云：「元是謝三郎，將錯就錯，故作此言。」休云：「釣魚船上，用木棹鳴打驚魚也。」

○壇誥：道家文書，升壇文贊等也。休云：「壇誥。道教法式也。」イ云：「壇上儀式也。」

○向陽椑子一邊青：休云：「椑子，柿也。背陽方青也。」

○羊頭車子推明月：大休云：「揚州平地之境，用羊頭車子，載物一人推之。車頭相似羊頭，曉夜行。」或云：「城市中賣物人造車，形似羊頭，名羊頭車也。」又云：「言：『手車也。以木作羊頭牽之。』」

○不假六分全燒：大休云：「灸人時，探得病穴，不假六分全燒。六分者，四足並頭身也。」

○水仙頭上戴：大休云：「水仙者，水神。水神頭上載蓮時，好手難躋攀。」

○京三卞四：覺云：「人姓也，猶張三李四也。」山云：「方語云：丁一卓二，京三卞四，猶未詳。」大休云：「建帝都列府內地形，荊三卞四，荊與京音同。」或云：「爭地形殊勝，荊州第三番，卞州第四番也。」

○山前華堯民解元：山云：「華，姓，堯民，名。解元，秀才之稱。」大休云：「解元者，及第之次第也。一狀元，二解元，三省元。」

○楊廣失橐駞：方語也。注云：「自荷負。關云：「欲荷負駱失之也，故自荷負。大休云：「楊廣者盜人也。失橐駞者，偷別人橐駞，而後失之，遂不能得也。山云：「楊廣，將軍，將軍則無可以運物。駞，乃背上運物之獸，極能負重。後漢有賊名楊廣。云云。

○昭琴不鼓雲天淡：莊子《齊物論》：「是非之彰也，道之所以虧也。道所以虧，愛之所以成。果且有成與虧乎哉？果且無成與虧乎哉？有成與虧，故昭氏之鼓琴也。無成與虧，故昭氏之不鼓琴也。」言不鼓琴者，一法未兆處也。雲天淡者，一法未兆謂歟。大休云：「王昭君有愁不鼓琴。雲天淡者，天色如有愁。」

○試上庠：郡內勸學院也。被舉鄉選也。大休云：「在帝里科舉日試上庠。」或云：「庠者，習學之所也。」

○切莫刺腦入膠盆：休云：「如人自以刀刺腦髓入於膠盆之中，猶泥裏洗泥也。」

○與貢籍：《普燈錄》作貢籍不第也。大休云：「貢籍者，科舉也。不及第詩文，得頭名於貢仕之籍，漸次當作也。」

○崇真氈頭：崇真，僧名也。氈，乃聚毛作茵也。大休云：「氈頭者，官領氈席人也。」

○巡人犯夜：大休云：「乃巡夜之人，大意知而故犯。城中巡夜人，自犯了也。」

○四面自來柳下惠：大休云：「四面，五祖所住之寺名也。柳下惠，其性和，而不事規矩。」

○阿斯吒：大休云：「大龜名也。」或云：「摩斯吒也。摩斯吒，獼猴也。」

　　○王節級，失卻帖：王，姓也，節級，官也。言無所據意也。
王節級者，定使ゴトキモノ也。古鈔云：「王節級者，本朝ノ黑褌
也。常時所持之帖失卻也。」大休云：「節級乃兵卒也。」

　　○燋磚打著連底凍：大休云：「如天寒連水底皆冰，以燒熱石打
著則到底也。言作家相見一見便見也。」

　　○鼎州出獰爭神：大休云：「鼎州有神，神甚著。國中人每年祭
之，以生牲。夾山行腳時到此，拜神廟。神廟傾崩，蛇神纏兩山死，
故曰夾山。」

　　○幽州猶自可，最苦是新羅：大休云：「幽州乃最上遠絕地，猶
可在，最上遠是新羅國之鄉。

　　○河天月暈魚分子，櫟葉風微鹿養茸：言依月影魚生子也。大
休云：「河天，乃天上銀漢也。八月夜月生暈，此夜人（〔註8〕水中
魚生子也。」或云：「暈者，月傘也。茸乃草初生也。譬如鹿之角初
生出也。櫟葉時節，鹿角初生也。茸，角也。」

　　這裏的「源」「佛源」「大休」「休」應該都是指大休正念（1215～1289），
謚號「佛源禪師」，日本禪宗二十四流之一大休派創始人，浙江溫州永嘉人。
咸淳五年（1269），隨蘭溪道隆至日本。應北條時宗之請，歷住禪興、建長、
壽福、圓覺等剎。有《大休和尚語錄》六卷留世。

　　《五燈拔萃》有「鏡堂云」1處，如：

　　○馬步使：山云：「領軍馬之官也。」鏡堂云：「敕使云殿使又
云馬步使。和訓ノ，カチハシリ也。」

　　鏡堂，即鏡堂覺圓（1244～1306），號鏡堂，四川崇慶人，宋末元初臨濟
宗僧。至元16年（1279）入日，應北條時宗之請，歷住興禪、淨智、建長、
圓覺、建仁等寺，為日本禪宗二十四流之一鏡堂派創始人，著有《四會語錄》
3卷。

　　《五燈拔萃》有「燈云」「佛燈云」4處，如：

　　○禍不單行：燈云：「獨掌浪不鳴之謂也。」或抄云：「言必有
宿因也。」又云：「拳踢相酬，未有單行。」云云。

　　○歲歲出靈苗：佛燈云：「田中高處出好苗也。」源云：「中間
地脈肥腴，出好苗也。」

---

〔註8〕字模糊難辨。

○不諱：言有甚所擇。燈云：「不道之謂也。」

○斡麵杖：燈云：「掛麵之竿也。」或云：「打麵杖也。」

「燈」「佛燈」應該是指約翁德儉（1244～1320），鎌倉人，賜「佛燈大光國師」號。日本臨濟宗大覺派僧。永年間（1264～1275）入宋，八年後回日，任鎌倉長勝寺開山，歷住東勝、禪興、淨妙、建仁、建長、南禪諸寺。著有《佛燈國師語錄》。

有「林云」10 處，「古林承云」1 處，如：

○三經五論：三經者，謂三時經也。五論者，謂《華嚴》《阿含》等五時之論也。就五時教，皆有論也。林云：「三經者，《華嚴》《法華》《炎》也。五論者，瑜伽、唯識並三論也。三論者，《百論》《中論》《十二門論》也。」

○少父：山云：「少父不是正父也。偏位。」源云：「曾作官了後做閒人，傍人尊重他，吃做少父。」林云：「《法華經》，父少而子老之義也。」或云：「少父，父義也，如叔，無真的非真父也。」

○撥汝：告汝義歟。林云：「和訓，ソソノカス義也。」

○眵眵眼眼：林云：「眤眵，面敘邪貌。古語云：頑嚚少智，眤眵多癡。」

○一字入公門，九牛車不出：一言一字向公方，則其言再難返之謂也。別有子細，參可知也。車不出，林云：「車牽也。」

○香嚴嶺後松：林云：「未有此機緣，只言之歟。」

○頭上戴累垂：事之不結脫也。又云：「乃危冠結無之謂也。」或云：「冠上飾也。」或云：「累垂者，累貌也。東坡石榴詩，累垂累垂又累垂，壓折珊瑚枝。」林云：「纍垂者，唐笠子之體裁也。」

○卑末謾道將來：卑末，林云：「卑末者，人名也。」或云：「卑種之末學也。卑末，卑賤也。」

○口銜羊角：《事苑》云：「無出處。」林云：「閉口貌。蓋有羊角煎云者，和訓ノニベ也。」古語云：「含糊不辨一般也。」羊角，見《事苑》第六十一丁，王子實刀事也。

○黃鸝留鳴燕語巢：林云：「本朝ノ鶯也。」或云：「黃鸝者，鸝鳴聲也。」

「林」應該不是清茂（1262～1329），俗姓林，字古林，號金剛幢、休居叟，賜扶宗普覺佛性禪師之號，一般稱為茂古林，元代禪僧，溫州（浙江）樂清人。他應該不懂日語，不可能用和訓，也不會將日本說成「本朝」。他應該是日本人，疑是大林宗套（1479～1568），京都人，大阪南宗寺的開山。

有「東云」2 處，如：

　　　　○披席把碗：卑賤之謂也。東云：「吃飯之謂也。」

　　　　○擲金盆：東云：「禪語也。何必須以孩子擲金盆之中乎？只孩
　　　子以金盆擲之也。」山云：「富貴之家，物生以金盆盛白湯沐之。」

「東」疑是東陽英朝（1428～1505），歧阜人。五歲出家，隨侍雪江。歷住龍興、大德、妙心、端泉、少林、大仙、定慧諸寺，創建了妙心寺四派之一的「聖澤庵」。著有《宗門正燈錄》《少林無孔笛》《禪林句集》《新編江湖風月集略注》等。

「關云」6 處，如：

　　　　○楊廣失橐駞：方語也。注云：「自荷負。」關云：「欲荷負駱
　　　失之也，故自荷負。」大休云：「楊廣者盜人也。失橐駞者，偷別人
　　　橐駞，而後失之，遂不能得也。」山云：「楊廣，將軍，將軍則無可
　　　以運物。駞，乃背上運物之獸，極能負重。後漢有賊名楊廣。」云
　　　云。

　　　　○鄭州出曹門：方語也。注云：「且喜沒交涉。」關云：「鄭州
　　　當北門也。曹門者，東京南門名也。」或云：「鄭州在未申方，曹門
　　　在洛城丑寅角也。」

　　　　○仗鼓：關云：「本朝遊者，或腰邊著鼓打之。或脈下懸鼓打之
　　　也。今此仗鼓者是也。」

　　　　○哄弄哄弄：關云：「雷鳴聲也。」

　　　　○搭眵：關云：「盲目貌。」

　　　　○本店買賣分文不賒：關云：「唐土賣買之店，必皆分文不賒四
　　　字小牌也。」

「關」疑是虎關師煉（1278～1346），京都人，俗姓藤原，法名師煉，世稱海藏和尚，敕號虎關國師、本覺國師，日本臨濟宗僧。歷參南禪寺之規庵祖圓、圓覺寺之桃溪德悟、建仁寺之無隱圓範，及鎌倉之一山一寧、建長寺之約翁德儉等諸師，後移住東福寺、南禪寺等地。著有《元亨釋書》30 卷、

《濟北集》20 卷、《佛語心論》18 卷、《虎關十禪支和尚錄》3 卷、《禪餘或問》2 卷、《禪戒規》1 卷等。

有「古林承云」1 處，這裏的「古林」應該是古林清茂《古林和尚語錄》。如：

○豆子山：古林承云：「作投子山。」

有「抄云」7 處，「元抄云」1 處，應該指《五燈會元抄》，然有大有有諸《五燈錄抄》、一山一寧《五燈會元抄》、蒙山智明《五燈會元抄》、叔英宗播《五燈會元抄》、笑山周悆《五燈會元抄》、古篆周印《五燈會元抄》等，不知何指？應該不是一山一寧《五燈會元抄》，因為「山云」頗多。如：

○江槎分玉浪，管炬開金鎖：山云：「管炬，光也。」或云：「江槎，取流字。分玉浪，取支字。管，取統字。炬，取光字歟？」抄云：「管炬開金鎖，光統。光統者，帝都之所有。統都，通音通義故也。」

○色心前後中，實無緣起境：或抄云：「前後，則過去未來之境也。中則當體也。六識緣過去未來，七識緣當體。」

○三邊者：山南西北皆有夷狄，能為中國患。東邊雖有新羅等國，而不為中國患。或抄云：「南面制天下，則左右前之三邊，北邊者，我所居。故云地闕。」

○禍不單行：燈云：「獨掌浪不鳴之謂也。」或抄云：「言必有宿因也。」又云：「拳踢相酬，未有單行。」云云。

○藥山再三叮囑：或云：「《藥山傳》中恐有言語。」又抄云：「看取藥山示出離惡道之要也。」又云：「藥山說中欲益無所益，欲為無所為，宜作舟航，無久滯此。」

○霍光賣假銀城與單于：《事苑》第七：「霍光，漢人。書傳無賣城易角之說。蓋出於委巷劇談，然禪人往往資以為口實，以亦謬乎。」抄云：「與霍光賣卻假銀城者同。」蕭何、霍光本傳所不見。世妄相傳作虛說。故今取於無實據之義。

○大乘砑郎當：大乘者，覺云：「大謂也。砑郎當者，乃無分曉而作勢之謂也。」又云：「十分狼藉也。」又云：「作事不伶俐也。」或云：「粗貌也。不事事也。」已上普燈抄。元抄云：「大乘者，今所住寺號也。」

## 三、他書注釋

有《普燈錄抄》《普燈抄》共 6 處，但查駒澤大學圖書館編《新纂禪籍目錄》及小野玄妙《佛書解說大辭典》等書都無《嘉泰普燈錄》的抄物，故也不知何時何人的抄物。我們現在能見到的只有萬治（1659～1661）、寬文（1661～1673）年間刊的《鐵外和尚代抄》3 卷 3 冊，《鐵外和尚再吟》2 卷 1 冊，撰者鐵外吞族烏日本江戶時代關三剎大中寺十七世代，有對《普燈錄》加注，但我們查核原書並無以下數條。如：

○八尺五：佛圓光也。《普燈錄抄》云：「帽子未括之尺也。」

○潑天：《普燈》作破天。抄云：「破者，開義也。」或云：「衝破虛空路，獨步丹宵也。」

○紐半破三：一物為三貌。《事苑》第一云：「折半烈三。」注曰：「折，當從木作析。音錫。劈析也。烈當作列，分解也。烈火盛貌，非義。」《普燈抄》：「宿云演算法也。或云十分者，為半分。半分為三分也。言垂機之語也。不在解說。」

○折半列三：《事苑》第一云：「折，當從木作析。音錫。劈析也。烈當作列，分解也。烈火盛貌，非義。」《普燈抄》：「宿云演算法也。今涉是非，落二三義也。」

○大乘研郎當：大乘者，覺云：「大謂也。研郎當者，乃無分曉而作勢之謂也。」又云：「十分狼藉也。」又云：「作事不伶俐也。」或云：「粗貌也。不事事也。」已上《普燈抄》。元抄云：「大乘者，今所住寺號也。」

○誰管板頭低：言得閒不論板頭高下破壞也。不謂徒事也。《普燈抄》。

有《心華》《心華抄》或《心華燈抄》15 處，如：

○諸佛菩薩，非此安心：此句「非此」之「此」，上句「於此」之「此」。皆指王言也。言諸佛菩薩，亦不取心王。《心華抄》。

○女人拜：山云：「唐土女人，立拜屈膝而已，兩手當腰，鞠躬屈膝而已。」《心華抄》。

○畢竟是大德：不是大德無所有。畢竟是者，是字斥言無所有也。言畢竟無所底，大德之見也。不是諸法畢竟無所有也。已上《心華燈抄》。

○和尚敢道否：言看趙州即且置，和尚為某甲即今敢道得否。《心華抄》。

○白衣寧墜解空人：言雖白衣世俗之身，而寧墜善現等解空人之境界乎。所以如問淨名居士也。《心華》。

○祇為今時：言洞庭湖只為即今現成底。別有什麼道理。《心華》。

○贓物見在：言參禪學道人，向外邊求者，皆非自己底，偷他人財物一般也。《心華》。

○肚上不貼榜：源云：「佛菩薩胸題卍字也。」山云：「大官人不持牓入大內也。」或云：「不飾身之謂也。」或云：「及第時以金牓當胸云也。」《心華》云：「一說云官家出行之時，必書官名於牓，而使僕御者，當胸掛之。所行焉牓乃貼在肚上。若是大人何勞帖牓以表顯之乎。」

○不共汝同盤：言：「我不共汝食也。」心華云：「言：『汝者即忘收一足者也。我不忍與彼同盤食也。』抑下云爾。」

○九重無信，恩赦何來：言王無信，為甚麼恩赦云也。九重謂闔內，天子制之」《心華》云：「言心王元不動而空？用從何起。」

○巨嶽還曾乏寸土也無：言人人個個具足三世諸佛智慧德相。更有什麼欠少，而極阿乎。《心華》。

○不辨中言：「如何指撥？先達點未可也。」先達注之云：「猶言不辨中的之言，如何指撥？僕謂猶言古今辨別不出底，其中之言，如何指撥，不知孰是。」《心華》。

○在前一句：《心華》云：「機先一句也。」

○幾就支荷：山云：「支當負荷。」又云：「支擔負荷。」或云：「幾得扶持也。今時事乃立扶持也。」《心華》云：「言即今底道理，不假他人支荷，悅涉問答則，近支荷。言何不獨脫。」

○萬象同然：古點未是。以朱改之。恐洞字誤作同也。《心華》：「萬象同然，盡大地皆發動之謂也。」

「心華」應該心華元棣（1339～？），日本美濃（岐阜縣）人，南北朝至室町時代的臨濟宗僧人。義堂周信住持京都建仁寺時，被選為後堂首座。擅

長漢詩，以注釋杜甫詩的《心華臆斷》而聞名。此外，還著有《業鏡臺》等。但未查到有《心華燈抄》之類的書。

《武庫抄》1次，如：

　　　　○文帳：唐土宋之時，三年一度。諸寺僧名供寫文帳在官，名大僧帳。帳中說何處人，何年為僧，及父母何名，及年歲多少。皆一一要實寫。寫了申在官，為供帳，免丁文帳也。《武庫抄》。

日本書目中也沒有查到《宗門武庫抄》之類的書。日本室町時代（1392～1573）中期京都相國寺禪僧瑞溪周鳳的日記《臥雲日件錄》，經由同時代《臥雲日件錄拔尤》「五月四日，松雪來問話次……又無位真人言，一靈心性耳，自面門出入，言六根六境，無處不涉入，然不滯一隅，此即無位之故也。凡一靈真性，不假胞胎，然光德亦此意。以針刺身，則便覺痛。此即一靈皮袋，皮袋一靈，非二物也。以上林下說，且記之耳。予又告曰，前日所見，示《武庫抄》中不作蟲豸之解，非也。只不出頭之意也。禪錄有『今年春氣早，蟲豸出頭來』之句也。松雪深頷之。又及渡唐之事，松雪曰：『今月正使居座，可赴築紫也。』予問彼方年號景泰三年支干，松雪曰：『己卯歲也。』於今已六年，然今王年號曰天順。云云。」

有「《〈外集抄〉拾遺》」1處，如：

　　　　常州有，蘇州有：方語，好呆子。又見《〈外集抄〉拾遺》。

《〈外集抄〉拾遺》書亦不見。義堂周信有《東山外集抄》10卷，一瑞中曇有《東山外集抄》3卷，未見有《東山外集抄拾遺》

有「イ云」3處。イ云，即「一云」或「異本云」，如：

　　　　○壇誥：道家文書，升壇文贊等也。休云：「壇誥，道教法式也。」イ云：「壇上儀式也。」

　　　　○衣冠皇宋後，禮樂大周前：言雖著宋以後之衣，正行大周以前之禮也。イ云：「自宋高宗時衣冠禮盛也。自大周時禮樂盛也。」

　　　　○一不去二不住：離卻一二請師道，之謂也。或云：「存一不住二之謂也。」イ云：「一不成二不是，之謂也。」

又有「宿云」2處，應該指舊說，「或云」「又云」不定指某人某書說，不一一例舉。

## 四、《五燈拔萃》部分俗語詞的現代釋義

下面是《五燈拔萃》部分二字俗語詞的現代釋義：

扰扰：（眾多事物）紛然存在的樣子。

本：多指本心自性，亦即人人具有之佛性。

筆：記錄。

趺：踩，踏。

拆：（花朵）開放。

禪：一種修煉方法，從古印度傳入中國，梵文音譯為「禪那」，略而為「禪」，其法為心注一境，正審思慮。

唱：長聲高呼。

車：拖，運。

塵：世間一切虛幻不實之事物和妄念，能污染真性，稱之為「塵」。

觸：汙，不淨。

然：（眾多事物）紛然存在的樣子。

擣：打，擊。

當：契合，相稱。

得：遭，被。

底：甚，什麼。

點：用開水泡茶、沖湯稱為「點」。

定：心專注一境而不散亂。

逗：到，臨。

咄：呵斥。

惡：嘆詞，表示突然明白。

放：饒，免。

復：究竟，到底。

該：包容，包括。

共：和，與。

搆：明瞭，領悟。

覯：明瞭，領悟。

貴：希望，謀求。

過：遞，送。

欤：喝。

合：應該，須要，能夠。

囡：象聲詞。

機：人的根機，稟賦。

寂：（僧人）逝世。

記：佛陀、祖師對於弟子成佛、悟道、教化的預言。

薦：領會，領悟。

教：禪宗自稱「教外別傳」，將傳統佛教及其他宗派多稱為「教」。

較：差，相差。

戒：佛教對於信徒的身心活動有嚴格的規定和制約，以防非止惡，保障修習，維護佛法，稱為「戒」，與「定」「慧」並稱佛教三學。

屋：居，住。

決：確定，明瞭。

看：參禪者對於某些機語專心地反復地體察探究稱作「看」。

搕：垃圾。

扣：叩問，詢問。

臘：指中國農曆十二月，見「臘八」「臘旦」等條。

來：置於表時間的名詞前，表示下一個時間段。

賴：語氣副詞，多置句首。

攔：當，正對著。

勒：敲擊。

領：領會。

令：指禪機，機鋒。

謾：徒勞無益地，徒然。

某：自稱之詞，相當於「我」。

衲：禪僧所穿之法服。

那：疑問副詞，相當於「豈，怎」。

能：如此，竟然如此，含有強調語氣。

聻：句末疑問語氣詞，相當於「呢」。

偏：甚，特別。

撲：砸，摔。

乞：給。

契：投合，符合。

親：與禪法契合相應。

取：依照，聽從。

去：助詞，置於句尾，表示行為動作將來出現、假設出現。

然：雖然，縱然。

饒：縱然，即使。

仍：並，並且。

生：形容詞尾碼。

是：肯定，確定。

送：推。

他：別人。

塔：墓塔，安葬、保存僧人遺體之建築。

聽：聽任，任隨。

投：到，臨。

我：指「我執」，佛家將世俗之人執著於「我」的觀念稱為「我執」。

向：烤火取暖稱為「向」。

休：雙方較量機鋒，一方自認失利而作罷，稱為「休」。

許：同意，允許。

掗：握。

咦：嘆詞。

又：卻。

於：置於動詞之後，無實在意義，其後跟賓語或補語。

元：原，原來。

約：令人後退、移動或停止的動作。

月：禪家喻指清淨本心或微妙禪旨。

捘：軋，擠。

鎮：永常。

直：必須。

只：副詞，置於判斷句或判斷結構之首，加強判斷語氣，相當於「就」。

指：指點，指示。

志：預言。

賺：矇騙。

著：執著、粘著於虛妄不實之事物。

卓：搭建，建築。

坐：住，居住。

安排：擺佈。

按過：謂禪人之間考測對方悟道之深淺。

暗頭：暗裏，黑暗處。

巴鼻：領悟禪法的著手處，悟入處；亦指禪機，機鋒。

把住：抓住。

罷問：結束參問，指領悟了禪法。

百衲：僧人衣服。

百色：各種各樣，百般。

百拙：諸事笨拙無能。

敗缺：受挫，挫敗。

拜歲：迎新年的拜神祈禱活動。

保任：禪悟之後，須加保持、維護，稱「保任」。

保正：保長。

畐塞：充滿。

比丘：受過具足戒的男性僧人。

比逐：比，比較。

彼我：世俗者執著於「我」的觀念，佛家以「彼我」稱之，即「我執」。

辨白：鑒別，判明。

辨的：辨明準確意旨。

別時：其他合適的時間，他日。

別語：猶「別云」。

波波：奔走的樣子；奔波。

嚗地：象聲詞，迸裂聲。

不安：患病，不舒服。

不徹：置於動詞之後，對動作行為作補充說明。

不辭：不推辭，不拒絕。

不迭：置於動詞之後，相當於「不及」。

不二：佛教和禪家都認為一切事理平等如一，沒有差異，沒有對立，稱為「不二」。

不犯：不接觸，無關涉。

不規：不定。

不及：置於動詞之後，說明行為動作無法完成，或無法達到目的，相當於「不得」「不盡」等。

不可：難道。

不謬：不愧，無愧。

不審：不知道。

不中：沒有契中，不適合。

布衲：僧人的衲衣。

參究：審思探究禪法。

差異：奇怪，奇異。

茶糊：作弄，折騰。

禪師：禪宗僧師。

產難：指分娩。

囅然：面含笑容的樣子。

長物：多餘之物。

徹頭：徹底領悟（禪法）。

徹證：徹底領悟。

塵勞：俗世種種虛幻事物、作為和妄念，染汙真性，擾亂身心，稱之為「塵勞」。

鐺子：一種不用灶的鍋子，有三隻支撐腳。

成褫：同「成持」。幫助，使（某人，某事）成功。

　　成現：現成具備，含有本來存在，一直存在，現在也看得到的
意思，多指佛性、禪法。出身：省悟，徹悟。
　　出手：指示機、應機的舉措作略。
　　初機：初學禪法。
　　初心：起初的心意，原初的信仰。
　　除外：縮略語。
　　觸禮：行叩頭之禮。
　　觸衣：貼身衣褲，常指內褲。吹毛：「吹毛劍」的省稱。
　　垂堂：廳堂的屋簷下。刺腳：伸出腿腳，邁步。
　　從上：從前，以前。
　　叢林：佛教界，禪林。
　　叢席：禪宗法會，禪院。
　　湊泊：投合，契悟。
　　促榻：移近座位，是交談投機時的動作。
　　促裝：整理行裝。
　　爨餘：燒剩的木柴頭。
　　唪地：象聲詞，迸裂聲。
　　措手：著手應對或處置。
　　搭對：配對（進行某種活動）。
　　達人：通達靈悟者。
　　炟赫：光輝閃耀。
　　打疊：掃除，收拾。
　　打哄：湊熱鬧。
　　打坐：即「坐禪」。
　　大都：實在（是）。
　　大故：實在，確實。
　　大好：諷刺性地重複對方語句時，前加「大好」，相當於「好一
個」。
　　大小：同「大小大」。
　　大宜：大便。
　　大用：指禪法實踐，禪法運用，禪法授受。代語：猶「代云」。

單丁：單獨一個人。

旦過：禪寺中供路過行腳僧暫歇之房舍。

但莫：表示勸止語氣。

當頭：當面，當即。

當意：稱意，合心意。

刀刀：（指人）話語囉唃，（指鳥）鳴聲不斷。

倒靠：承接他人話語，就勢應對詰責，是禪家較量機鋒的一種方式。

倒卓：倒豎，倒立。

到頭：最終，結果。

道望：禪法聲望。

道業：修習道法的事業。

道者：禪人之稱呼。

得當：與禪法相契合。

德士：僧人曾一度被改稱為德士。

的當：恰當，妥帖。

敵論：辯論。

覿面：本義為見面，當面，禪錄中謂面臨禪機，本分相見，即超越一切言語知解，示機者直指禪法根本，應機者頓見本來面目。

抵捂：對付，抵敵。

地頭：終點，目的。

第二：「第二義」或「第二機」的省略說法。

諦當：精當，妥帖。

諦信：確信，虔誠地相信。

典座：寺院職事僧，主管大眾齋粥等事務。

點檢：檢查。

點心：解饑。

點胸：手指胸口。

丁寧：叮嚀，叮囑。

定動：（眼睛）眨動。

定光：佛名，即「燃燈如來」。

動便：動輒，每常。

都盧：都，全都。

鬥額：互相碰撞。

杜口：沉默不語。

端的：確實，真實。

堆堆：久坐不動的樣子，木然。

對治：謂針對性地治理、袪除俗情妄念等。

頓見：當下識心見性，領悟禪法，亦即頓悟之意。

頓契：頓悟。

頓圓：當下圓滿完成。

多知：多知見識解，多從知見識解出發參究禪法。

惡發：發火，發脾氣。

二三：指「第一義」以外的義理，意同「二頭三首」。

發明：揭示，闡明。

發業：煩惱，惱火。

發足：啟程，出發。

法弟：僧家稱師弟。

法界：意識（六識之一）所認知的一切物件的統稱。

法眷：佛法傳承中有親緣關係的僧人。

法輪：指佛法。

法器：指具有上等根器、能夠傳承道法的僧人。

法屬：同「法眷」。

梵唄：佛家作法事時的誦詠歌樂之聲。

梵王：佛教神話中的天神，名尸棄，住色界大梵天。

放憨：露出傻樣子。

放下：謂拋棄一切俗情妄念。

分付：交付，傳付。

分外：過分，特別。

分座：寺院中的首座或其他得道禪僧，由住持僧推舉，代替住持僧為大眾說法稱為「分座」。

糞掃：垃圾。

封皮：指軀體。

佛事：佛家說法、修習、祈禱、追福等宗教活動的統稱。

佛子：僧人之稱。

浮生：俗世生活，虛幻人生。

復且：究竟，到底。

改旦：中國農曆每月初一。

改服：改換教派、門派稱為「改服」。

幹慧：徒有智慧，只是追求言句知解，不能真實參學、明心見性，禪家稱為「幹慧」。

歌郎：舉辦喪事時雇請的唱喪歌者。

隔闊：別離。

格量：規格、數量。

格外：超越通常的分別理念與知識見解。

葛藤：嚕蘇、糾纏。

個裏：這裏，此中。

根器：在接受、傳承佛法方面的素質，稟賦。

根識：根器、才識。

功德：可以引得善報的功業德行。

功幹：期望引來福報的修習行為。

供通：供述，陳述。

孤峰：喻指一法不立的禪法境界，徹悟者的境界。

孤硬：（為人或機鋒）孤僻、硬掙。

掛缽：同「掛搭」。

掛搭：僧人將衣缽掛在寺院僧堂裏的鉤子上，鉤子上方有該僧名子，意味著該坐在此位打坐修習。

掛錫：行腳僧人棲止於某寺院或其他適宜之處稱作「掛錫」。

掛子：大褂，外衣。關捩：同「關棙」。

關棙：指禪機至極玄妙之處，悟道之關鍵。

屮歲：童年。歸敬：歸依、尊敬。

歸心：誠心歸附。

歸真：（僧人）逝世。

歸眾：寺院法堂上，僧人問法或答話完畢退回至大眾行列中，稱為「歸眾」。

歸重：推崇，敬重。

規模：模樣，樣子。

規繩：法度，規矩。

鬼窟：指情識意想、虛妄不實之處。

鬼趣：同「鬼窟」。

睴睴：相繼而行的樣子。

輥球：公案。

海會：集聚，匯合。

好是：應是，應該。

合得：能夠，可以。

合爪：同「合掌」。

赫赤：耀眼，刺眼，引人注目的樣子。

紅塵：塵俗世間。

忽然：倘或，假如。

華擘：分割，分裂。

化士：寺院職事僧，即「化主」。

化主：寺院的職事僧，專門從事出外遊方募化，其募化所得，為寺院收入之一。

話頭：同「話」。

槵子：即「木槵子」，樹木名，其果實可作佛僧念珠。

回互：交雜融匯。

慧日：喻指佛法及其教化，取其如日遍照天下之義。

渾身：團圞之身，身軀。

活計：謀生行當，禪錄中多比喻禪法或種種機用作略。

活句：禪家稱超越語言、義理和分別俗情的奇特言句作略為「活句」，而把通常的有意路可通的言句作略稱為「死句」。

機語：禪家探索、交流禪法或者啟發學人禪悟的語句。

機緣：眾生之根機與悟法之因緣。

饑瘡：佛門將饑餓稱為「饑瘡」。

激昂：同「激揚」。

激揚：激發（禪機）、闡揚（宗旨）。

即今：現今，如今。

即是：置於問句末，表示選擇疑問語氣。

栁栗：指禪僧所用拄杖。

極致：至極妙理。

幾幾：幾許，多少。

給侍：服侍，侍奉。

洎乎：幾乎。

計較：比較，思慮。

家計：家產，家業。

加趺：即「跏趺」。

加護：禪悟之後須加維護、鞏固，稱為「加護」。

迦葉：西天禪宗一祖。

監寺：寺院職事僧，總管全院雜務。

揀話：判別、評議機鋒言句。

檢點：清點，檢查。

檢責：檢察、指責。

見處：同「見地」。

見知：指成為禪悟障礙的見解、知識。

建立：建置、設立（教法）。

講聚：佛教講解經義的場所，講堂。

講者：同「講僧」。

膠口：閉口無言。

交關：交易。

交加：錯雜，綜合。

交肩：肩碰著肩。教門：指佛教。

教肆：講說佛經、解釋經義之所，屬禪宗以外的其他佛教宗派。

教詔：教導，教育。

結舌：閉口，不說話。

劫火：佛經神話中毀滅世界的大火。

竭鬥：指點慧靈利者。

解脫：解除塵俗煩惱，超脫生死輪回，獲得安寧自在。

解摘：解析，解釋。

金地：佛地，佛寺。

金剛：原義為金剛石，常用以形容特別堅硬之物。

金輪：據佛經中說，世界最底層為風輪，其上為水輪，水輪之上即為「金輪」，金輪也就是地層，其上有九山八海。

金烏：相傳日中有三足之烏，稱「金烏」，隱指日或日光。

巾侍：意為僧徒擔任侍者，事奉住持禪師。

津送：饋贈送行。

盡價：謂給足貨物之價錢。

經堂：寺院中存放佛教經典的堂所。

靜辨：清靜。

境風：喻指對於虛幻事物的感覺和認識。

境界：同「境」。

競頭：紛紛，爭搶著。

啾唧：喧鬧，咶噪。

九拜：跪拜三次，每次三拜，係禪家隆重的禮儀。

九旬：指夏安居九十天，自農曆四月十五日至七月十五日。

就上：就其上，就地。

居士：未出家而信奉佛法的人稱「居士」。

局務：公眾的事務，公務。

舉指：豎起手指示機應機，係禪家施設。

巨剎：著名的大型寺院。

決定：必定，肯定。

決擇：袪除疑惑，究明道法。

俊流：對機靈禪僧的泛稱。

郡庠：府一級的官辦學校。

開法：僧人得道後，首次住持寺院，開始說法教化，稱為「開法」。

開廓：宣示、弘揚。

開山：開創寺院。

開示：宣說（道法）。

勘驗：同「勘」。

看看：眼看著，即將。

窠道：窠巢與道路，喻指形式、規矩等束縛。

科段：手段。

可煞：同「可殺」。可中：此中。

客作：本義為做傭工。

克的：準確而簡約。

肯重：崇信，推重。

空生：即「須菩提」，佛的十大弟子之一。

空宗：指佛門、禪宗。

硿磕：鑿石聲。

扣參：拜見請教。

扣敵：挑戰敵方；叩問，辯詰。

扣己：叩問、詰問自己。

叩發：叩問，詰問。

苦輪：指眾生處於六道生死輪回之痛苦。

苦行：宗教修行的一種方式，為表示虔誠和求得解脫而自我折磨。

匡化：教化。

藞苴：不整潔，不檢束；粗疏，不成熟，不中用。

臘旦：中國農曆臘月（十二月）初一。

蘭若：佛寺。

藍鑱：形貌醜陋，多形容鼻醜。

郎幕：地方軍政長官衙署內的屬官。

狼籍：同「狼藉」。

狼忙：急忙，匆忙。

朗悟：明悟。

撈籠：控制，包羅。

牢辭：堅決推辭。

牢籠：控制，制馭。

勞生：勞碌的眾生。

老胡：老年胡人，多指初祖菩提達摩。

老婆：老年婦女。

老拳：有力、兇狠的拳頭。

老宿：老年禪師。

棱層：有棱有角、氣勢威嚴。

理事：佛法真理與世間事物（包括修行實踐）。

立地：站著。

立義：辯論道法、較量機鋒時，首先出語，設立論題，稱為「立
義」。

歷劫：經歷劫數，指極為久長的時間。

歷然：清楚，分明。

蒞眾：管理僧眾，多指住持和尚對寺院僧眾的言教身教。

廉纖：指情識分別對參學者的糾纏，亦指言句囉嗦。

良久：默然，沉默。

了了：明瞭，了悟。臨機：面臨機緣，面對禪機。

臨時：屆時，到時。

靈利：機靈，有悟性。

領旨：領悟禪旨。

留礙：滯塞、阻礙。

六合：古人指天、地以及四方為「六合」。

六銖：原指薄而輕的僧衣，引申作上品僧衣。

籠羅：控制，束縛。

儱侗：形容外形粗渾。

爐錘：比喻禪師對學人的啟發、開導。

路布：言句，機語。

路頭：禪家稱悟入之門徑為「路頭」。

露布：言句，機語。

漉籬：一種竹編器具。

論義：辯論道法、較量機鋒。

羅剎：佛教神話中的惡鬼，是地獄的守衛者。

掠虛：虛妄，妄言。

沒興：不走運，倒楣。

劻勷：昏亂糊塗。

描邈：描摹，描畫。

憋㬉：形容猥瑣自卑。

明破：將禪法說明白，挑明禪法要旨。

明頭：明白的人。

名剎：著名寺院。

名邈：描摹，描述。

名模：描摹，描述。

名宿：著名禪宗高僧。

魔軍：惡魔的軍隊。

魔子：魔鬼，惡魔。

磨礱：磨，磨礪。

蟇刀：唐宋時代步兵所持的一種長刀。

蟇口：對準嘴巴。

某甲：自稱之詞，相當於「我」。

衲衣：僧人服裝。

納敗：「納敗缺」的省略。

那事：隱指悟道成佛之事。

難易：折騰，艱難。

擬心：猶豫，遲疑，思慮。

揝破：參究明白。

捏目：是「捏目生花」的省略說法。

凝眸：原義為目不轉睛，注意力集中；轉指思慮、遲疑。

獰龍：喻指迅猛峻烈的機鋒，亦指機用傑出或上等根器的禪僧。

扭捏：作弄，折騰。

排辦：安排，準備。

排疊：準備，安排。

排遣：應付，對付。

霶烹：大雨的聲音。

裴休：唐代居士。

披削：穿上僧衣，剃去頭髮，意指出家。

嚬呻：禪錄用例多謂獅子、大象等吼叫，喻宗師說法具威懾力。

平沉：沉陷。

平出：相等，等同。

平怗：平安，平穩。

破顏：指釋迦牟尼佛在靈山會上手拈香花時，摩訶迦葉領悟其意而面露微笑。

剖決：辨析、判明。

剖露：表露參禪心得，宣說禪法意旨。

菩提：梵語音譯詞，意謂斷絕世俗煩惱、獲得解脫的智慧，也是對佛教真諦的覺悟。

普請：集中禪寺僧人參加生產勞動稱為「普請」。

七佛：佛家稱毗婆尸佛、尸棄佛、毗舍浮佛、拘留孫佛、拘那含牟尼佛、迦葉佛和釋迦牟尼佛為過去七佛，略稱「七佛」。

漆桶：對愚暗不悟者的詈稱，斥其心中、眼前一片漆黑。

耆艾：尊長。

耆衲：年高望重的僧人。稽首：跪拜，叩頭。

契理：契合禪理。

契入：契合禪法，悟入。契悟：領悟（禪法）。

鈐鍵：本義為鎖鑰，引申作啟發、啟悟之義。

伽梨：佛僧外衣，袈裟。

且從：同「且置」。

且止：同「且置」。

切害：嚴厲，厲害。

親疏：與禪法契合相應為「親」，隔離不合為「疏」。

清修：（操行）潔美。

情念：俗情妄念。

慶快：慶倖、快活，多形容禪悟之後的愉悅舒暢心情。

驅驅：奔走。

渠儂：他。

去處：指對禪法的領悟之處。

去在：助詞，置於句尾，表示行為動作將要出現。

覷捕：謂專心探尋並努力抓住悟道之機。

圈繢：同「圈繢」。

全機：總體觀照與把握事物實相的機鋒，是真正本色的禪機。

全提：完全徹底的提示。

卻活：復活。

然則：雖則，雖然。

染削：穿上僧衣，剃去頭髮，指出家。

染指：（對佛禪道法）稍有體會，略嘗法味。

人工：僕人，傭工。

人力：僕人，傭工。

仁者：尊稱對方。

認影：即「認影迷頭」。

如法：契合禪法，與禪法相應。

入道：捨俗出家，進入佛門。

入路：悟入的門路。

入眾：僧人「出眾」發言之後，退入僧眾之列。

灑然：形容心中疑惑消散，滯礙驅除。

灑灑：赤裸裸，空無一物。

三寶：佛教將佛、法、僧稱為「三寶」。

三根：指上、中、下三等根器的眾生。

三界：有情眾生在生死輪回過程中的三種境界，即欲界、色界、無色界。

色塵：「六塵」之一，是眼根的認識物件。

色色：猶謂樣樣，件件。

僧堂：禪寺中僧眾坐禪、休息之房舍稱為「僧堂」。

上來：剛才，以上。

上人：上等根器者，道法精深者。

上首：參禪僧眾中的首座或地位較高者。

上堂：禪師上法堂、登法座為僧眾說法。

上座：參禪僧中的首座稱為「上座」，多用作對禪僧的尊稱。

少分：一點兒，少許。

闍梨：梵語，阿闍梨的簡稱。

生嗔：發怒，生氣。

生受：受折磨、折騰。

升堂：禪師上法堂為大眾說法稱為「升堂」。

繩床：一種繃繩為座的椅子，禪師常坐用之。

剩語：多餘累贅的言說。

時中：時時，平時。

是非：辨別是非，評議。

世諦：佛家稱俗世間的真理為「世諦」。

世法：俗世間萬事萬物，包括道理、原則、方法等。

飾讓：故作謙讓來裝飾自己，矯情推讓。

手腳：本事，手段。

受訣：領受禪旨，得法。

授記：本指佛對於弟子悟道成佛的預言，後也指祖師對於弟子
悟道、弘法的預言、告誡。

樞要：禪法之要旨。

順化：（僧人） 逝世。

碩德：精於佛法的高僧。

廝撲：相撲，摔跤。

四行：菩提達摩所論領悟禪法的四種修行方式：報冤行，隨緣
行，無所求行，稱法行。

俗士：指未出家的人。

索索：乾脆俐落的樣子。

太殺：太過分，太厲害。

太煞：同「太殺」。

檀施：施捨財物。

堂堂：全然彰顯的樣子。

特地：反而。

忒煞：太，實在。

體當：體驗，體會。

貼秤：交易中賣方適當降低價錢以補貼買方。

聽許：允許。

通方：通達，契合道法。

同參：指同事一師而共同參禪者，亦指共同行腳參訪者。

同行：共同行腳參訪，亦為共同行腳參訪者之稱。

痛棒：狠狠的棒擊。

偷疑：暗中懷疑。

投機：投合禪機，契悟禪法。

透關：通過禪悟之關口。

透脫：超脫，通達。

禿丁：對僧人的詈稱。

兔馬：喻指平庸、才器低下者。

脫然：形容超脫、通達。

橐子：托盤。

玩意：體會，玩味。

為人：指禪師接引、啟悟學人。

為是：選擇問句的關聯詞。

違和：身體不適，有病。

未在：不對，不契（禪法）。

文殊：菩薩名，全名「文殊師利」，又名「妙德」，以智慧辯才著稱，傳說住東方清涼山（即五臺山）。

問訊：行禮問候。五家：指中國禪宗五家宗派：溈仰宗，臨濟宗，曹洞宗，雲門宗和法眼宗。

悟徹：省悟，徹底領悟。

下髮：剃去頭髮，指出家為僧。

仙陀：機靈，機靈者。

仙鄉：對於對方家鄉的美稱。

相當：契合（禪法）。

相撲：即摔跤，古代體育項目。

相親：接近、符合（禪法）。

向後：以後。

向前：以前。

向去：以後。

誵訛：混淆訛誤。

小宜：小便。

笑具：愚蠢可笑之事，笑料。

些小：即「些少」。

些些：一點兒。

心息：指領悟禪法。

心印：指禪法。

惺惺：聰慧、領悟的樣子。

行纏：護腳布。

省徹：徹底省悟。

省行：寺院中的堂名，供安置生病、老衰僧人。

性海：指深廣如海的真如法性。

性燥：爽快，靈利。

修事：料理，備辦。

懸記：祖師對於弟子悟道、弘法的預言。

學解：指俗世間通常的知識道理。

學人：參禪學佛之人。眼目：禪法義旨，禪僧法眼。

奄化：逝世。

奄息：逝世。

癢和：一種代手搔癢的器具，常用竹製。

要妙：簡截、微妙。

要且：終是，實在。

也未：置於句尾，表示疑問語氣。

一等：一樣，同樣。

一隊：一夥，一群。

一火：一夥，一群。

一徑：直截，當下。

一時：一齊，全部。

一向：（堅持做某事）一成不變。

一著：一著，一招。

因緣：禪家把機語或示機、應機的行為動作等稱為「因緣」，意同「公案」。

印證：禪師對於學人的禪悟進行鑒定、證明，稱為「印證」。

雲水：指僧人行腳參學。

早暮：什麼時候。

早晚：什麼時候。

張拙：五代宋初人。

長老：對德高望重的僧人之敬稱，亦指寺院住持。

臻湊：奔趨，奔走集聚（至某禪師法席下）。

珍重：道別語，有時相當於「保重」。

鎮常：永常，長久。

振觸：碰觸。

振錫：僧人手持錫杖，行走時振動作聲。

正覺：真正的覺悟。

證入：悟入，領悟。

知歸：識心見性，回歸心源。

知見：指以智慧法眼觀照事物真相而獲得的感悟、體驗。

知解：執著於虛幻事物，強作區分對立的知識見解。

知有：知道，知曉。

支當：應付，承當。

支荷：領受（機緣），承受。

支遣：應付，對付。

支吾：支撐，應付。

祇對：回答，應對。

祇準：應付，對付。

直得：表示前面的動作、行為和情況造成某種結果，相當於「弄得」「以至」。

直漢：行直心、不執著、頓悟禪法者。

　　直上：向上。

　　直是：真是，實在是。

　　直歲：寺院職事僧，負責管理一年的寺院勞動、雜務。

　　直下：向下，直往下。

　　只如：疑問句句首詞，有指示疑問的主題或前提的作用。

　　指注：亦作「指住」「指屬」「指據」「指柱」。

　　中下：指中等、下等根器者。

　　住山：主持寺院。

　　捉敗：挫敗，受挫。

　　著鞭：揮鞭策馬，比喻繼續努力。

　　著到：黏著、執著於虛妄之事物，不能脫離和超越，稱為「著到」。

　　著火：燒火。

　　著眼：睜大些眼睛，注意點，留點神。

　　著語：對他人的機緣語句加以簡短評議稱為「著語」。

　　卓朔：翹起，豎起。

　　灼然：確實，實在。

　　緇白：指出家者和在俗者。

　　緇素：指僧俗。

　　宗乘：禪法。

　　宗匠：禪宗大師。

　　宗門：禪家自稱禪宗為「宗門」，將其他佛教宗派稱作教門。

　　宗猷：禪法。

　　宗旨：禪法，亦指禪宗各宗派的意旨。

　　祖令：指祖師相傳、正宗本色的禪機施設。坐禪：僧人的修行方式，跏趺而坐，靜心思維。

　　坐地：坐，坐著。

　　坐卻：截斷，截除。

　　坐榻：凳、椅之類。

　　坐夏：從農曆四月十五日至七月十五日，佛教徒應在寺院中坐禪修習，不得外出，稱為「坐夏」。

作務：勞動，幹活。

作用：禪家應機接物的作為舉措，機緣運用。

座元：首座。

阿閦佛：「妙喜世界」的佛名。

阿漉漉：形容禪人不乾脆爽利。

阿哪哪：同「阿耶耶」。

把不住：控制不住（自己或他人）。

柏樹子：唐代趙州從諗的著名機語。

不說說：不說而說。

長連床：寺院僧堂中的大床，供僧徒們坐禪休息之用。

成正覺：佛家謂成佛為「成正覺」。

赤灑灑：空寂袒露，清淨無染。

吹布毛：即鳥窠禪師「布毛示法」公案。

吹毛劍：極為鋒利的劍，禪家多用以比喻銳利的機鋒。

啐地折：突然折斷，隱指當下悟入，頓領禪法。

打野榸：意謂遊方行腳，多含貶義。

大安居：徹底地安詳、休歇，徹底地省悟。

大安樂：徹底地安詳快樂。

大徹頭：徹底省悟禪法。

大出脫：徹底超脫情識分別。

大法輪：指佛法。

大圓覺：徹底、完滿的覺悟。

大藏教：佛教及其典籍。

擔人我：執著於人我之對立，爭強好勝。

得力句：指領悟禪法的關鍵言句。

第二句：相對「第一句」而言，指表達通常意義（非玄妙禪義）、或屬方便法門的語句。

第二頭：指玄妙禪法以外的義理。

第一句：指表達玄妙禪義、直指人心的語句。

多子塔：塔名，在古印度，相傳為紀念辟支佛而建。

屙漉漉：形容禪人不乾脆爽利。

發人業：使人煩惱。

飛猿嶺：極為險峻的嶺崖，常用來隱喻禪關，禪悟之門。

乾打哄：徒然哄鬧。

乾屎橛：公案。

格外談：超越通常知解，分別機鋒言句。

供朝夕：供日常開支。

掛瓶杯：指行腳僧人在某處棲止休歇。

觀世音：即「觀音」。

過朝夕：過日子。黃面老：同「黃面老子」。

活人劍：指挑明法眼、復活真性的機緣施設。

火柴頭：指燒紅的木柴。

即不無：用於轉折複句前分句末，對前分句的內容給予讓步性
的肯定，略相當於「也是可以的」，並引出後分句轉折性表述。

即且從：同「即且置」。

即且止：同「即且置」。

金剛圈：喻指禪家機語，古人公案。

究竟法：至極高深的道法，指明心悟性、超脫生死的禪法。

究竟事：指禪者根本大事，即明心悟性、超脫生死。

具尸羅：意為受佛戒。

俊快：敏捷，機靈。

客作漢：同「客作兒」。

口皮邊：嘴巴邊上，嘴上。

曠大劫：極其久長，無限長的時間。

老凍膿：對老禪師的詈稱。

老古錐：指機鋒銳利的老禪師。

老機緣：對精於機鋒的老禪師的稱呼。

老臊胡：對老年胡人之詈稱，多指禪宗初祖菩提達摩。

遼天鶻：喻迅疾的禪機或機用傑出的禪僧。

嶺南能：指六祖慧能，他出生嶺南新州（今廣東省新興縣），
後又在此地區長期傳播禪法，故稱。

囉哩囉：同「囉囉哩」。

囉囉哩：詩歌中的感歎語，抒發思鄉之情，有時用來調整節奏或補足音節。

落意思：同「落意識」。

賣惺惺：賣弄聰明。

門外漢：指未悟禪法者。密密意：即「密意」。

木槵子：本係樹木名，也稱作無槵子、菩提子等，其果實可作佛僧之念珠，故「木槵子」亦指念珠。

睦州板：公案，事見《五燈會元》卷四，睦州陳尊宿：「或見講僧，乃召曰：『座主！』主應諾，師曰：『擔板漢！』」按「擔板漢」一語有指斥執著一端、不能通悟之義。

衲僧眼：指禪僧特有的智慧眼，即法眼。

那邊句：指超脫塵俗，除盡分別妄心的言句，亦即徹悟者的言句。

那一人：同「那人」。

南無佛：向佛表示恭敬歸依。

泥洗泥：同「泥中洗土」。

擬不擬：猶豫，遲疑。

娘生面：指本來面目，亦即自心、本性、佛性。

披緇服：穿上黑色僧服，意指出家為僧。

平實語：平常、穩實之機語。

七家村：指偏僻小村。

熱哄：熱鬧，鬧哄。

日用事：指日常運用禪法之事。

入泥水：喻指陷入言辭義理，囉嗦糾纏。

三家村：指偏僻小村。

上板頭：僧堂內長連床最頭上的位置。

上封寺：位於湖南省南嶽衡山祝融峰頂。

上孤峰：隱指超越一切言句義理、情識分別，直指心源，直入悟境。

上頭關：向上玄妙禪關，憚悟之關。

少叢林：對年輕有才氣而忽略規繩之禪僧，或稱為「少叢林」，含斥責語氣。

涉泥水：喻指糾纏於言辭義理。

設利：梵語音譯詞，指佛及高僧屍體火化後所得珠狀物。

十二時：一整天中的十二個時辰。

是個人：猶「是個漢」。

四料揀：即「四料簡」。

唐言：猶謂漢語，多與「梵語」等相對而言。

通時暄：道寒暄。

通一線：同「通一線道」。

桶底脫：禪家常斥責癡迷愚暗者為「漆桶」，「桶底脫」則明亮通暢，比喻驅除妄見，領悟道法。

陀羅尼：本為一種記憶術，後世則稱誦咒為「陀羅尼」。

無巴鼻：意謂禪法不立語言文字，超越意解情想，幽玄固密，沒有著手把握之處。

無多子：沒多少，很少。

無縫塔：本指用整塊大石雕成之塔，禪家用來指禪法隱密微妙，難以用語言表達。

無固必：無一定之規。

無好氣：不高興。

無意智：亦作「沒意智」。

五味禪：指具有等級深淺的五種禪法：外道禪，凡夫禪，小乘禪，大乘禪，最上乘禪（據《禪源諸詮集都序》卷上）。

西祖意：意同「西來意」。

閑言語：多餘、無用的話語；後亦指古宿言句；有時用作動詞，謂說多餘之語。

心地印：即「心印」。

行腳眼：法眼，憚悟者觀照事物真相的智慧眼。

性燥漢：靈利俊快之人。

延壽堂：寺院中的堂名，供安置生病、老衰僧人。

眼中屑：比喻多餘累贅且有害之物。

一味禪：指不分階段、不須漸進的頓悟禪法，對「五味禪」而言。

一宿覺：唐代僧人玄覺赴曹溪參謁六祖慧能，初次見面，應對契合禪旨。

一轉話：猶「一轉語」。

衣缽下：指僧堂中的長連床，是禪僧坐禪參習之處。

印可：禪師對於學人的禪悟給予證明、肯定，稱為「印可」。

有一人：隱指本來面目之人，明見自身佛性、超越生死、超越言句情識之人。

則且置：放在複句前分句末尾，表示排除前分句內容，不作為本複句主題，引出的後分句是主題句，且大多是疑問句。

趙州茶：公案，事見《五燈會元》卷四，趙州從諗：「師問新到：『曾到此間麼？』曰：『曾到。』」

這邊句：指未能擺脫知識見解、尚存分別妄心的言句。

轉法輪：比喻演說佛法。

著不得：不能放置，不能容納。

著槽廠：安置於僧徒宿舍，係禪院住持僧同意收留行腳僧的習語。

著精彩：振作精神，留神。

著氣力：鼓勁，花力氣。

子湖狗：公案，事見《五燈會元》卷四，子湖利蹤：「邑人翁遷貴施山下子湖創院，師於門下立牌曰：『子湖有一隻狗，上取人頭，中取人心，下取人足。』」

子湖犬：即「子湖狗」。

最後句：促成徹底省悟的最後一句話，參禪悟道至極關鍵的一句話。

作道理：使用通常的義理概念，按照通常的邏輯關係去認識和解釋禪法。

鼇山成道：公案，唐代雪峰義存在鼇山受其師兄巖頭的啟發而悟道的故事。

把斷咽喉：猶「把定封疆」。

　　白雲萬里：意謂與禪法相隔極遠，沾不上禪法的邊。

　　百了千當：意謂參禪悟道之事妥貼了結，完全成功。

　　百丈卷席：公案，事見《五燈會元》卷三，百丈懷海：「次日，馬祖升座，眾才集，師出卷卻席，祖便下座。

　　百丈野狐：公案，事見《五燈會元》卷三，百丈懷海：「師每上堂，有一老人隨眾聽法。

　　半青半黃：半生不熟，多喻思想不成熟，悟理未透徹。

　　傍家行腳：謂行腳僧到各處禪院參拜問道。

　　本色鉗錘：同「本分鉗錘」。

　　畐畐塞塞：充滿，塞得滿滿的。

　　壁觀胡僧：即「壁觀婆羅門」。

　　避溺投火：避開了水溺，卻又投進火裏。

　　撥無因果：否定因果報應理論，佛教認為這是一種「邪見」。

　　不動如來：佛教神話中妙喜世界的佛名，亦稱作無動佛、阿閦佛。

　　不二法門：不用語言文字傳示，直接以心印受的法門，在禪錄裏多指禪法。

　　不唧䁟：不中用，沒出息。

　　不立文字：指禪法以心傳心，見性成佛，超離言辭知解，不用文句表述，無須著錄典冊。

　　不落階級：同「不歷階梯」。

　　不落是非：不陷於「是」「非」對立的認識中，即不把事理分為是非對立的兩方面。

　　不落有無：不陷於「有」「無」對立的認識之中，即不判別事物的有或無。

　　不惜眉毛：意謂不顧惜因使用言辭說教而遭受懲罰。

　　不已而已：不得已而為之。

　　不著聖凡：不執著於聖人、凡人分別對立的見解。

　　不著是非：同「不落是非」。

　　布發掩泥：佛教神話故事。

超越生死：佛教認為有情眾生都處在生死輪回苦海裏，徹底超脫生死輪回稱為「超越生死」。

掣風掣顛：瘋瘋癲癲，形容言語行動不合常態。

出沒卷舒：形容禪悟之後機用無礙、自在隨意。

出世間法：驅除凡俗情念，超脫塵世煩惱之道法，指佛禪道法。

搐鼻因緣：公案，事見《古尊宿語錄》卷一，大鑒下三世（懷海）：「一日，隨侍馬祖路行次，聞野鴨聲。

穿耳胡僧：古西域僧人，多在耳垂上穿出孔穴，用以繫環，漢人稱之為「穿耳胡僧」。

噇酒糟漢：醉漢，糊塗蟲。

從上宗乘：從古以來傳承的禪法。

寸絲不掛：本義為一件衣服也沒穿，比喻蕩盡妄情俗念，毫無執著牽繫。

達摩鼻孔：指禪宗祖師的道法、機鋒。

達摩西來：指南朝梁普通年間，禪宗初祖菩提達摩從印度取海路來到中國傳播禪法的故事。

大會拈華：指釋迦牟尼佛在靈山法會上拈花示眾的故事。

大千沙界：同「大千世界」。

大師子吼：比喻佛的說法。

大用堂堂：意謂禪法的實踐和授受所在皆是，了無隱蔽。

大用現前：隨時隨地實踐、授受禪法。

擔雪填井：挑易溶之雪，企圖填平水井，比喻不合情理、愚蠢徒勞的言行。

忉忉怛怛：多語，囉嗦。

覿面分付：謂當下對學人直指禪法根本。

抵敵生死：應對生死輪回，超越生死。

點著便行：謂參禪者機敏靈悟，一經啟發，當下領受。

釘橛空中：往虛空中打入木樁。

釘殺腳跟：指徹悟禪旨，一切落實，完成本分大事。

頂門眼正：意謂法眼明亮。

頂門正眼：佛教神話中的摩醯首羅天神有三隻眼，其中額頭上豎著的一隻眼稱頂門眼，具有神奇的視力，禪語中的「頂門正眼」隱用此典，指禪悟者觀察事理特有的智慧眼光。

東卜西卜：多處占卜，指機語問答，反覆參究。

東土祖師：指中國禪宗自菩提達摩開始的六代祖師：初祖菩提達摩，二祖慧可，三祖僧璨，四祖道信，五祖弘忍，六祖慧能。

東湧西沒：形容禪悟者的自在運用，通暢無礙。

動弦別曲：一聽到撥弦就識別曲調。

洞上宗旨：指曹洞宗的禪法旨意。

兜率降生：指釋迦牟尼誕生於兜率天。

斷臂安心：公案。

對眼投機：投合禪機。

頓悟漸修：將「頓悟「與「漸修「結合在一起的學說，認為領悟禪旨應是當下契入，蕩盡種種妄情染習則須逐漸修行。

哆哆和和：口中咿呀出聲，心中並不理解。

輠輠鑽：一種轉柄錐鑽，喻禪家言句機鋒。

墮坑落塹：跌落進坑裏溝裏。

二十八祖：指西天二十八祖，為古印度傳承禪法的二十八代祖師，據《五燈會元》卷一所載西天二十八祖為：一祖摩訶迦葉，二祖阿難，三祖商那和修，四祖優波毱多，五祖提多迦，六祖彌遮迦，七祖婆須蜜，八祖佛陀難提，九祖伏馱蜜多，十祖脅尊者，十一祖富那夜奢，十二祖馬鳴，十三祖迦毗摩羅，十四祖龍樹，十五祖迦那提婆，十六祖羅睺羅多，十七祖僧伽難提，十八祖伽耶舍多，十九祖鳩摩羅多，二十祖奢夜多，二十一祖婆修盤頭，二十二祖摩拏羅，二十三祖鶴勒那，二十四祖師子，二十五祖婆舍斯多，二十六祖不如密多，二十七祖般若多羅，二十八祖菩提達摩。

二時齋粥：同「二時粥飯」。

二時粥飯：早晨吃粥，中午吃飯。

二頭三首：指玄妙禪法以外的義理。

方冊因緣：書本上的機緣語句。

放一線道：放開一線之道（讓人有路可循），係禪家接引學人時的方便法門。

非風非幡：公案，事見《景德傳燈錄》卷五，慧能：「至儀鳳元年丙子正月八日，屆南海，遇印宗法師於法性寺講《涅槃經》。

分盡髓皮：禪宗初祖菩提達摩對四位門人考測鑒定的故事。

風動幡動：公案，詳「非風非幡」。

風鳴鈴鳴：公案，是西天十七祖僧伽難提向十八祖伽耶舍多傳付道法的故事，見《祖堂集》卷二，僧伽難提：「其捨父母，見子言異，則令出家。

佛口蛇心：比喻話語慈悲，心腸狠毒。

告往知來：告知以往之事，即知未來之事。

葛藤露布：指未能超越語言知解的言句作略。

古人面壁：指中國禪宗初祖菩提達摩在嵩山少林寺面壁坐禪，終日不言的故事。

骨底骨董：同「骨董」。

歸宗斬蛇：公案，事見《五燈會元》卷三，歸宗智常：「師剗草次，有講僧來參，忽有一蛇過，師以鋤斷之。

槨示雙趺：佛涅槃時，大弟子摩訶迦葉不在身邊，待迦葉趕到，佛在金棺裏出示雙足。

函蓋乾坤：意謂真如佛性處處存在，包容一切，萬事萬物無不是真如妙體。

呵佛罵祖：禪家認為所謂佛聖祖師，一旦說出口，或存念於心，便是言句知解、區別妄念，便是對清淨佛性的污染；同時禪宗強調自心是佛，努力提高學人見性成佛的自信，因而「呵佛罵祖」遂成為禪僧常用之作略。

和麩糶面：將麩子混和在麵粉裏一起賣出，意謂夾帶假貨，以假亂真。

和光混俗：收斂鋒芒，混同塵俗。

和泥合水：指用言語等方式啟發、接引學人。

和贓捉敗：將盜賊連同贓物一同捉獲。

胡言漢語：胡言亂語。

畫餅充饑：畫餅不能充饑，喻言談說教等作略不能使人真實悟道。

還草鞋錢：禪家說法，若僧人行腳修習一生，空無收穫，不悟道法，就要還出草鞋錢來；反之，若領悟禪法，便不須還草鞋錢。

黃頭老子：同「黃頭」。

雞峰續焰：指西天禪宗初祖摩訶迦葉承傳禪法。

吉獠舌頭：即「吉了舌頭」。

柳栗橫擔：指僧人行腳。

柳栗未擔：指行腳之前。

家中舍父：比喻捨棄至極重要的自心本性。

駕肩接跡：形容來人很多，絡繹不絕。

見色聞聲：謂眼之見色，耳之聞聲。

見兔放鷹：望見兔子，放出獵鷹。

建立邊事：佛祖建立的教化法門。

將鹽止渴：比喻極其錯誤的行為，不僅不能達到目的，而且適得其反。

腳踏蓮華：釋迦牟尼佛的形象。

教外別傳：指禪法妙旨不設文字語言，也就是不載於佛教經典、不通過教家宣說，而另外通過直指人心、心心相印的特殊方式和獨立體系傳承。

截斷葛藤：截斷一切言語知解之糾纏，係禪家示機應機的本分施設。

截斷千差：除盡種種差別，即不以分別妄心看待萬事萬物，係禪家機鋒之本分施設。

截斷眾流：謂禪家機鋒施設能夠截斷一切言語情識之糾纏。

禁兩片皮：謂閉起嘴巴，不用言說。

井底叫渴：身在井底水中卻叫喊口渴，喻指看不到就在身邊的禪法。

淨名杜口：典故，淨名即維摩詰居士，據《維摩詰經》載，文殊在毗耶離城向維摩詰問不二之法，維摩詰沉默不語，文殊稱讚「善哉！」謂微妙佛法難以言傳。

九年面壁：指禪宗初祖菩提達摩在河南嵩山少林寺面壁坐禪之事。

具滿分戒：即「具足戒」。

俱屍入滅：指釋迦牟尼佛在俱屍那城逝世。

掘地討天：同「掘地覓天」。

開眼瞌睡：張著眼睛卻如同瞌睡，比喻糊塗癡迷。

開眼迷路：比喻癡迷愚鈍。

克由巨耐：實難忍受，真是討厭。

口羅舌沸：形容費盡口舌。

口似區擔：意謂啞口無言，閉口不言。

口似紡車：喻指話語多，聲音響，連續不斷。

枯木龍吟：謂參禪者滅盡妄念，如同「枯木」；明見真性，喻以「龍吟」。

快便難逢：意謂悟入之機會難得。

狂狗逐塊：向犬投土塊，犬誤認土塊為食物，遂盲目追逐之。

臘月扇子：臘月為農曆十二月，此時用不著扇子，喻指無用、累贅的言句知解。

立地成佛：謂眾生皆有佛性，一念省悟，便可立即成佛。

立地瞌睡：雖然站立著，卻如瞌睡一般，比喻糊塗昏鈍。

立地死漢：雖然站著，猶如死人，喻指愚迷遲鈍者。

撩起便行：形容接機敏捷、當下領會。

臨濟三玄：公案，是臨濟宗祖師義玄接引學人的機用，事見《臨濟語錄》：「師又云：『一句語須具三玄門，一玄門須具三要。』」

臨濟四喝：公案，事見《臨濟語錄》：「師問僧：『有時一喝如金剛王寶劍，有時一喝如踞地金毛獅子，有時一喝如探竿影草，有時一喝不作一喝用。』」

露地白牛：置於露天的白牛。

落二落三：陷於第二第三。

落湯螃蟹：放進熱水鍋裏燒煮的螃蟹，喻指死期來臨。

眉毛剔起：形容領會禪義、應接禪機極為快捷。

門庭施設：指具有流派特點的禪機作略和禪法傳承方式。

夢幻空花：喻虛幻不實之假像。

迷逢達磨：迷茫者遇上初祖菩達摩，多指領悟禪旨。

迷頭認影：意謂愚癡者迷失自己真性，卻認假相為真。

摩竭陀國：古代中印度國名，位於今印度比哈爾邦邦南部。

磨唇捋嘴：形容說話沒有節制。

磨磚作鏡：公案，唐代南嶽懷讓禪師接引馬祖道一的故事，事見《五燈會元》卷三，南嶽懷讓：「開元中有沙門道一，在衡嶽山常習坐禪。

末後一句：達到徹底省悟的最後一句話，至極關鍵的一句話。

衲僧門下：指禪宗門庭，禪家。

衲僧眼睛：同「衲僧眼」。

衲僧正眼：禪者觀察事物、認識真理的智慧眼光。

南頓北漸：南宗頓悟禪法和北宗漸修禪法。

南山鱉鼻：公案，詳見《五燈會元》卷七，雪峰義存：「上堂：『南山有一條鱉鼻蛇，汝等諸人切須好看！』長慶出曰：『今日堂中大有人喪身失命。』」

南閻浮提：即「南贍部洲」。

恁麼：這，這樣，如此。

拈花微笑：公案，事見《五燈會元》卷一，釋迦牟尼：「世尊在靈山會上拈花示眾，是時眾皆默然，唯迦葉尊者破顏微笑。

尿床鬼子：對於言行荒唐可笑者的斥罵語。

貧子衣珠：貧窮者身上自有珠寶，喻指眾生本身具有的佛性。

平常飲啄：平常生活，任運隨緣，安詳閒適，是禪悟者的生活態度。

平地吃交：平白無故地摔跤。

七穿八穴：形容悟道透徹明白，運用通暢無礙。

七通八達：形容悟法透徹明白，運用通暢無礙。

七穴八穿：同「七穿八穴」。

欺胡謾漢：欺騙他人。

千里萬里：謂與禪法相隔極遠，連禪法的邊都沾不上。

千山萬水：意謂與禪法相隔極遠，根本不合禪法。

擎拳舉指：舉起拳頭，豎起手指，是禪家示機、應機的特殊動作。

取人處分：任隨別人擺佈。

認影迷頭：據《楞嚴經》卷四所載，室羅城有愚癡者名演若達多，早晨照鏡時，看到鏡中自己頭面映影，感到很高興。

日南長至：指中國農曆冬至日。

如虎戴角：形容禪悟者威風暢快的精神狀態。

如麻似粟：麻和粟均為常見之物，比喻既多又普通。

入泥入水：喻指禪師苦口婆心，啟發引導學人。

撒手承當：謂徹底擺脫一切情識罣礙，領受禪法。

三百餘會：即「三百六十會」。

三十二相：指佛有三十二種神奇的相貌。

三十年後：意謂領悟禪法尚待三十年後。

三玄三要：公案，是臨濟宗開創者義玄禪師接引學人的施設，事見《臨濟語錄》：「師又云：『一句語須具三玄門，一玄門須具三要。』」

殺人活人：謂剿絕學人妄識，復活學人真性。

善為道路：路途保重，途中小心。

上門上戶：指行腳僧參謁諸方禪師。

上上根機：具有上等根器者。

少林冷坐：指菩提達摩在嵩山少林寺終日沉默、面壁坐禪的故事。

少林面壁：指菩提達摩在嵩山少林寺面壁坐禪的故事。

少室家風：指禪家門風，禪法傳承。

甚處去來：唐宋一般口語。

石鞏彎弓：公案，事見《景德傳燈錄》卷一四，三平義忠：「初參石鞏，石鞏常張弓架箭，以待學徒。

石上栽花：比喻禪機堅固縝密，無懈可擊，難以契入；也喻指悟心清淨，不可染汙，如同石上不可栽花一般。

釋迦掩室：典故，釋迦牟尼佛在摩竭陀國掩室靜坐，不為眾人講說道法。

雙林示滅：指釋迦牟尼佛在拘屍那城熙連河側姿羅雙樹間逝世事。

瞬目揚眉：禪家示機、應機的特殊動作，亦泛指禪機作略。

四十九年：指釋迦牟尼佛在世傳播道法四十九年。

四事供養：謂施主為佛僧提供多方面的物質生活幫助。

隨波逐浪：謂禪家接化學人，依據不同根器，採用不同施設；對於中下根器，難免言語教誨。

踏破草鞋：指行腳僧人到處遊方參問。

逃峰赴壑：逃離了山峰，卻又走進了山谷。

剔起眉毛：禪家勸誡學人振作精神頓悟禪旨的習語。

體露真常：事物本體全然顯露真實、永常之相狀，超越文字言句與區別俗念，即佛家所謂的「真如」。

天地懸殊：意謂離開禪法極為遙遠。

天寬地窄：意謂離開禪法極其遙遠。

鐵眼銅睛：形容禪僧眼目明銳。

停囚長智：借停頓的機會思考對付的辦法。

通身是眼：形容禪悟透徹，法眼明亮。

通一線道：放開一線之道（讓人有路可循），係禪家接引後學時的方便施設。

拖泥帶水：喻指陷入言辭義理的糾纏，不能乾脆爽利地接引學人或領悟道法。

萬里崖州：意謂與禪義相隔極遠。

為對為待：用區別對立的眼光，即俗世通常的眼光看待萬物世界。

無固無必：即「無固必」。

無孔鐵錘：喻指混沌、不開竅、難以啟發接引的參學者。

無情說法：公案，事見《祖堂集》卷三，慧忠：「有南方禪客問：『如何是古佛心？』師曰：『牆壁瓦礫，無情之物，並是古佛心。

無事衲僧：指除盡俗情妄為、任運隨緣的悟道禪僧。

無心道人：指除盡虛妄念想的得道者。

五位君臣：曹洞宗創始人洞山良價與曹山本寂對於禪法的闡述系統，也是該宗接引學人的特殊方法。

惜取眉毛：禪家常語，含有兩層意思：1、省點精神；2、言句別太多，別違背不立文字語言的禪旨。

誓速：感歎之聲急速。

閑言長語：同「閑言語」。

香嚴上樹：公案，事見《五燈會元》卷九，香嚴智閑：「上堂：『若論此事，如人上樹，口銜樹枝，腳不蹋枝，手不攀枝。』」

向上關捩：同「向上關棙」。

向上一路：無上至真之禪道。

虛空釘橛：往虛空處打入木樁。

眼光落地：死。

眼睛定動：猶豫，遲疑，茫然不悟的樣子。

眼中著屑：比喻多餘累贅而且有害。

掩鼻偷香：掩著鼻子去偷香，比喻虛妄自欺。

揚眉瞬目：禪家示機、應機時的特殊動作，亦泛指禪機作略。

藥病對治：同「藥病相治」。

藥病相治：因病給藥，藥因病設，比喻權宜教化，方便法門，而不是根本法。

葉落知秋：比喻十分敏捷地領會、契合禪機。

一箭兩垛：意同一箭雙雕，謂射一箭而打中兩物，常比喻一句機語同時勘明兩人的禪悟深淺或具有雙重禪機。

依草附木：古人以為神鬼能依附在草木等物體上顯靈作怪，謂之「依草附木」。

因風吹火：借助風勢吹燃火焰。

有甚交涉：即「沒交涉」，意謂根本不合禪法。

有照有用：謂綜合運用各種手段，破除參學者的「法執」與「我執」。

與凡與聖：無論凡人還是聖人。

預搔待癢：預先抓搔皮膚，等待發癢，比喻虛妄可笑的行為。

雲門三句：公案，指「函蓋乾坤」「截斷眾流」和「隨波逐浪」三句，是對雲門宗尤其是該宗開山祖師文偃的禪法思想和教學方法的重要概括。

眨上眉毛：禪家勸誡學人振作精神頓悟禪法的習語。

斬頭覓活：砍去腦袋，尋求活命，喻指癡迷愚蠢或為時已晚的言行。

斬頭求活：同「斬頭覓活」。

朝參暮請：指僧徒於早晨、黃昏向方丈和尚參拜、請益。

趙州狗子：公案，事見《五燈會元》卷四，趙州從諗：「問：『狗子還有佛性也無？』師曰：『無。』」

趙州勘婆：公案，事見《五燈會元》卷四，趙州從諗：「有僧遊五臺，向一婆子曰：『臺山路向甚麼處去？』婆曰：「驀直去。」

趙州庭柏：公案，僧徒問唐代趙州從諗：如何是祖師西來意？趙州回答：庭前柏樹子。

正法眼藏：禪家所稱教外別傳之心印，即禪宗道法。

知去處：知道所去之處。

隻履西歸：中國禪宗初祖菩提達摩的傳說故事，據《五燈會元》卷一「菩提達摩」章，達摩於魏文帝大統二年（536）逝世，五年，魏國使者宋雲從西域回國，「遇祖於蔥嶺，見手攜隻履，翩翩獨逝。

指東畫西：謂禪人拘泥於言辭知解的種種作略。

築著磕著：（突然地）撞著碰著，隱指頓時領悟禪法。

自家桑梓：喻指自身本性，亦即人人都具有的佛性。

自家田地：喻自身本性，亦即人人具有之佛性。

祖師巴鼻：指禪宗祖師的道法、機鋒。

鑽天鷂子：比喻機鋒迅疾的禪僧，亦指迅疾的禪機。

坐曲錄床：坐於法座之上，意謂擔任寺院住持，須為大眾宣講道法。

# 第三章 《五燈拔萃》疑難語詞研究

## 第一節 《五燈拔萃》釋義正確的疑難詞

　　不少方俗語詞，很多人都做了考釋，但都欠缺對故訓的搜集，特別是日本江戶時代的故訓。王力在談「訓詁學上的幾個問題」時說：「訓詁學的價值，正是在於把故訓傳授下來。」〔註1〕吳孟復也說：「古人是根據他們當時所用的字形、字音、字義，根據他們當時遣詞行文的習慣而『著之竹帛』亦即寫成書的。因而，離作者時代越近的人對書中語義知道得越清楚，其對書中語義的解釋也往往較多。」〔註2〕雖然，禪宗經典不像先秦儒家經典那樣，歷代留下了大量的故訓，但唐宋禪錄語言玄奧難懂、口語性強，禪僧師徒教學過程中，也免不了作出必要的解釋。但禪宗的宗旨是不立文字，禪師們有自己的底線，不能正面得作出解釋，只得繞路說禪。這無疑給我們搜集故訓增大了難度。好在日本在室町時代、江戶時代留下了大量的禪錄抄物、冠注、句雙紙、禪林方語等唐宋禪錄的注釋書。這些注釋書裏保留了許多禪錄疑難方俗語詞的解釋，而這些解釋或來自入日的中國僧人的解釋，或來自入中的日本僧人的解釋，都有極重要的參考價值。所以，在禪錄口語資料相對欠缺的情況，尊重故訓，是解決禪錄疑難方俗語詞的一個最有效的途徑。

---

〔註1〕王力：《王力文集》　第19卷，山東教育出版社，1990年，第200頁。
〔註2〕吳孟復：《訓詁通論》，安徽教育出版社，1983年，第4頁。

## 一、碗脫丘

《五燈拔萃》解釋「椀蹺丘」曰：「山云：『中國用木小條片，纏成椀器。方用漆結束，時久必損。損則成條片，乃底丘脫去了也。此言無用物也。』」學界有不少人做了考證，我們感覺還是《五燈拔萃》最為可靠。不妨論證如下：

唐宋禪錄中不少方俗語詞都很難考釋其來源。如「碗脫丘」，常作「椀脫丘」：

（1）上堂。古者道：一釋迦、二元和、三佛陀，自餘是甚麼椀脫丘？慧光即不然，一釋迦、二元和、三佛陀，總是椀脫丘。諸人還知慧光落處麼？若也知去，許你具鐵眼銅睛；若也不知，莫謂幾經風浪險，扁舟曾向五湖遊。（《五燈會元》卷一二，《續藏經》80 冊）

又作「盌脫丘」，如：

（2）山僧尋常向諸人道，三世諸佛是竹木精靈，三賢十聖是守古塚鬼，西天二十八祖、唐土六祖是弄泥團漢，自餘當甚盌脫丘！（《續古尊宿語要》卷六，《續藏經》68 冊）

明代始有作「碗脫丘」，如：

（3）通容曰：「達觀日夕與端願鉤鑄，使端願道奧日臻，機緣純熟，於盤桓處，向結角邊一捀，便為碗脫丘。始知貪程不覺蹉路，如孫臏用兵，死龐涓於馬陵，然涓亦技窮計盡，只知貪程不覺蹉路。」（《祖庭鉗錘錄》卷一，《續藏經》68 冊）

清代還有寫作「宛脫丘」，如：

（4）日久時至，工夫自然成片，驀頭打破疑團，便見世尊拈花，迦葉微笑，是甚麼宛脫丘！（《季總徹禪師語錄》卷二，《嘉興藏》28 冊）

又作「椀蹺丘」，如：

（5）尋常持一串數珠，念三種名號，曰：一釋迦、二元和、三佛陀。自餘是甚麼椀蹺丘！（《五燈會元》卷五，《續藏經》80 冊）

又作「堍墶丘」，如：

（6）豈不見靈山會上，廣額屠兒放下屠刀，大肆八體，道我是千佛一數。若過秀峰，且居門外。自餘一釋迦、二元和、三佛陀，當甚堍墶丘！（《破庵祖先禪師語錄》，《續藏經》70 冊）

又作「盌脫坵」，如：

　　　　（7）山僧亦打辨精神，與諸人入室，忽然打發一個半個，可以
報答四恩三有，其餘盡是盌脫坵！（《大慧普覺禪師普說》卷四，《卍
正藏經》59 冊）

又作「盌躂坵」，如：

　　　　（8）千說萬說，贊說毀說；安立說，隨俗說；顯了說，蓋複說。
盡是盌躂坵！（《續古尊宿語要》卷五，《續藏經》68 冊）

　　「椀」「盌」「堍」皆同「碗」，又與「宛」音同音近。「脫」與「躂」「墶」
音近，「脫」《集韻》作「他括切」，透母曷韻，「躂」作「他達切」，透母曷韻，
聲同韻同而通。「坵」又同「丘」。所以「椀脫丘」「盌脫丘」「碗脫丘」「宛脫
丘」「椀躂丘」「堍墶丘」「盌躂坵」實同一語詞。

　　項楚認為：「『丘』下加專名線，指孔丘。757、758 頁亦有『一釋迦、
二元和、三佛陀，自餘是甚麼椀脫丘』之語，『碗躂丘』就是『碗脫丘』。
『碗脫』下專名線可刪，謂以碗為模子脫出者，言其多而賤也。《朝野僉載》
卷四：『補闕連車載，拾遺平斗量。欋推侍御史，碗脫校書郎。』」〔註3〕不
過後來，觀點有所改變，指出：「校點本《五燈會元》於『丘』下加專名線，
當刪。」〔註4〕闕緒良則認為：「『釋迦、元和、佛陀』與佛教有關，下面
『丘』也應與佛教有關，這才合乎情理，『碗』可能與『碗鳴』有關，而『丘』
可能與土塊有關。」〔註5〕明堯、明潔認為：「碗脫，指諸碗由同一模子所
出，個個如此。丘，小土堆或墓塚。碗脫丘，比喻形象頗為相似的出家人。」
〔註6〕雷漢卿、馬建東認為：「『椀脫丘』字面意思是用碗脫成的土坯，用
碗脫成的土坯很小，這裏含有輕蔑的意思，『甚麼椀脫丘』相當於說『什麼
東西』或『什麼玩意兒』。」〔註7〕尚之煜釋「碗脫丘」為：「無意味語，作

〔註3〕項楚：《〈五燈會元〉點校獻疑三百例》，《著名中年語言學家自選集·項楚卷》，
　　　安徽教育出版社，2002 年，第 142～189 頁。
〔註4〕雷漢卿、馬建東：《禪籍詞語選釋》，《天水師範學院學報》，2005 年第 6 期，
　　　第 71～74 頁。
〔註5〕闕緒良：《〈五燈會元〉虛詞研究》，浙江大學博士學位論文，2003 年，第 186
　　　～187 頁。
〔註6〕明堯、明潔：《禪宗大德悟道因緣薈萃》（下），河北禪學研究所，2003 年，第
　　　682 頁。
〔註7〕雷漢卿、馬建東：《禪籍詞語選釋》，《天水師範學院學報》，2005 年第 6 期，
　　　第 71～74 頁。

驚喝之聲。」〔註8〕蔡振豐、魏千鈞、李忠達認為：「碗脫，指諸碗由同一模型塑造，各各面貌相同，比喻出家人形象皆相似。丘，小土堆或墓塚。」〔註9〕

各種解釋大同小異，相同之處「碗脫」早已成詞；不同之處或曰「丘」是孔丘，或曰「丘」是比丘，或曰「丘」是土丘。於句義上似乎都說得圓通，但釋義的來源，多含猜測成分，文獻證據不夠。即便是考證最為詳盡的「碗脫成的土坯」說，也沒法解釋為什麼要用碗來脫土坯。

探討古代方俗語詞的來源，的確十分困難，主要原因在於古代典籍散失較多，流傳下來的又多以文言為主，口語語詞相對較少；不少方俗語詞記音都難，更別說找到確切依據證明其來源。所以，更需要我們探尋與之相關的蛛絲馬跡，尤其關注早期的注釋。一般來說，當時運用這個語詞的人來解釋這個語詞，其可靠程度應該是比較高的。

「椀脫丘」最早見於宋代，宋人若有解釋，無疑很重要。檢索文獻發現，宋人的確是有解釋的，如：

（9）盌脫丘——無底語；盌脫曲——無繼續語。(《人天眼目》卷一，《大正藏》48 冊)

（10）椀躂丘：山云：「中國用木小條片，纏成椀器，方用漆結束，時久必損。損則成條片，乃底丘脫去了也。此言無用物也。」

（龍光院藏《五燈拔萃》室町寫本）

例（9）宋人晦岩智昭編的《人天眼目》明確指出了「盌脫丘」是「無底語」，即碗脫去了底丘，故無底，比喻沒有根底、無用之語。「盌脫曲」我們沒有找到用例，但既然《人天眼目》有注釋，應該是存在的，或存於方語中，或存於其他散失的典籍；《人天眼目》指出「盌脫曲」是「無繼續語」，「無繼續」指碗脫落了纏碗的圈或套兒，也會底丘脫落。〔註10〕曲，《集韻》「顆羽切」，溪母虞韻；丘，《集韻》「祛尤切」，溪母尤韻，聲同韻近，曲丘可通。今湖北

---

〔註8〕尚之煜釋讀：《〈人天眼目〉釋讀》，上海古籍出版社，2015 年，第 55 頁。

〔註9〕蔡振豐、魏千鈞、李忠達校注：《藥地炮莊校注》，台大出版中心，2017 年，第 451 頁。

〔註10〕繼續，即圈闠、圈繢、圈圚。《五家宗旨纂要》(《卍新續藏》65 冊)：「盌脫曲，無圈繢語。」《漢語大詞典》（第 4055 頁）：「圈圚，亦作圈闠，亦作圈繢。」且圈圚同義。

蘄春方言「曲」讀〔tɕʰieu²¹〕、「丘」讀〔tɕʰieu⁴²〕，語音相同〔註11〕。例（10）「山云」指入日的宋末元初僧人一山一寧的解釋，一山一寧認為中國木碗是用小木條片（下圖尚可以看出），纏成椀器（用竹箍或銅箍、銀箍固定，下圖用的是竹箍，底足及邊口各一），再用漆裝飾，久用後，箍（即繾繪）及底丘就會脫落。〔註12〕比喻無用之物。

在很難找到其他證據的情況下，無疑，《人天眼目》和一山一寧的解釋應是最為合理、最為可信的；而且這還有異文可證。「碗脫丘」又有異文作「碗脫箍」，如：

（11）「道人相見則且置，如何是學人？」漆器請師鑒，答云：「椀脫箍。」（《竺仙和尚語錄》卷上，《大正藏》80 冊）

《竺仙和尚語錄》是元僧竺仙在日本弘法時之語錄集，有可能竺仙和尚覺得「碗脫丘」對日本人來說太難理解，故說得直白一點，說出「碗脫箍」。當然也有可能「碗脫丘」本來就是「碗脫箍」而來，因為「箍」，《集韻》「攻乎切」，見母模韻，與「丘」溪母尤韻，聲近韻近。「《廣韻》有虞模與尤侯韻兼讀且不區別意義的字。」〔註13〕「丘」閩南語讀作〔kʰu〕、日語讀成〔kyu〕、韓語讀成〔gu〕，「箍」閩南語讀作〔kʰo〕、日語讀成〔kyo〕、韓語讀成〔go〕，語音極近。

〔註11〕徐紅、張春泉：《黃侃〈蘄春語〉音系同音字彙》，湖北師範學院學報（哲學社會科學），1998 年第 5 期，第 116～122 頁。

〔註12〕黃侃《蘄春語》：「固者，使其牢固也。以金屬熔液填塞空隙，是為了使物牢固；用竹篾或用金屬圈束物，也是為了使物牢固。固、錮、箍，音相同，義也相通也。」《朱子語類》卷二七：「如一個桶，須是先將木來做成片子，卻將一個箍來箍歛。」

〔註13〕馬冬梅：《析虞模與尤侯韻的擬音》，《漢字文化》，2019 年第 21 期，第 97～99 頁。

又日本室町、江戶時代也注意到「碗脫箍」，如：

（12）人從陳州來，卻往許州去：《圓悟錄》十八（九丈）《頌》：
「去語時默，默時語。人從陳州來，卻往許州去。」忠曰：「從陳州
來，非是從陳州來，是往許州去也。將謂語，非是語，乃是默也。」
雲門云：「昨日有人從天台來，卻往徑山去。」補，《葆雨義解》解：
「古德雲門、圓悟等語句當什麼碗脫箍，若是應言句，則未夢見在。」
（鹿苑寺藏無著道忠《風流袋》寫本）

（13）【盌脫丘】○《普燈》四（廿三丈）：「椀脫丘。」○《聯
燈》十七（十丈）。○《堯山外紀》廿三（九丈）曰：「則天革命，
舉人不試皆與官，家至御史、評事、拾遺、補闕者，不可勝數。
張鷟為謠曰：『補闕連車載，拾遺平斗量。杷推侍御史，椀脫校書
郎。』」○《通鑑綱目》四十一（百廿一丈）：「欔椎侍御史，盌脫
校書郎。」○《大慧普說》四（卅四丈）：「盌脫坵。」○《別峰
雲錄》（三丈）。

【椀躂丘】《傳燈》十四（十五丈）。《傳燈鈔》有一山說。○《會
元》五（廿一丈）。○《續古宿·星懶庵錄》（十六丈）。又《別峰珍
錄》。○又《星大慧錄》（四丈）：「盌躂坵。」

【椀脫箍】《竺仙·淨妙錄》（十一丈）。

【坈墶丘】《破庵·秀峰錄》（八丈）：「當甚坈墶丘。」（龍華院
藏無著道忠《葛藤語箋》寫本）

無著道忠明顯把「碗脫箍」與「盌脫丘」「盌脫坵」「椀躂丘」「坈墶丘」
等同，「碗脫箍」的意思很直白，不用輾轉證明。箍，《集韻》曰「以篾束物」。
木碗脫掉了束物的竹箍，制碗的木片就散落、底丘脫落，就成無用之物了。
禪錄中有些例句還能看出「碗脫丘」為破碗的意思，如：

（14）上堂。向上機，頂門眼；碗脫丘，漏燈盞。從上諸祖已
錯拈提，瑞岩今朝分明剖判。會麼？夜後打眠，齋時吃飯。（《希叟
紹曇禪師語錄》，《續藏經》70 冊）

（15）立個圓覺伽藍，破甑算；道個平等性智，盌脫丘。盡底
將來，撥撒了也。（《絕岸可湘禪師語錄》，《續藏經》）70 冊

（16）一時消蕩，淨盡無餘。一千七百則，閑家潑具，當甚盌
脫丘！《雪岩祖欽禪師語錄》卷四，《續藏經》70 冊）

（17）參禪人，莫閒散，清淨心田休污染。撞倒銀山鐵壁墻，孤峰獨露無拘管。此時節，丘脫碗，一擲聲傾頓豁眼。識取渠儂真面目，竿頭進步翻身轉。（《介為舟禪師語錄》卷九，《嘉興藏》28 冊）

（18）隻手奪得無柄鈍鐵鍬去，一鑁鑁出底脫曲破大椀，使東海日多兒孫，十年五歲薄粥，亦不快通咽者，是此狼毒也。（《槐安國語》卷五，《大正藏》81 冊）

例（14）「碗脫丘」與「漏燈盞」對應，例（15）「盌脫丘」與「破甌箄」對應，例（16）「盌脫丘」與「閑家潑具」對應，例（17）「丘脫碗」的「底丘脫落之碗」義更為顯豁，例（18）「底脫曲破大椀」無疑也是「碗脫丘」或「碗脫曲」的變換。

我們要善於從唐宋釋義著作（如《祖庭事苑》《人天眼目》）、唐宋禪錄上下文對舉中尋找線索，從中國已散失但流傳到海外的詞典（如《禪林方語》等）、入日的中國歷代僧人釋義著述（如《五燈拔萃》等）尋找資料。唐宋時代的人解釋唐宋出現的方俗語詞，或許比我們現代做出的解釋更可靠。「碗脫丘」宋人已有解釋，即「無底語」；宋末元初的入日僧人一山一寧說得更清楚，即木碗底丘脫落，比喻無用之物。這些解釋於禪錄用例十分圓通，似可不必另求他解。

## 二、探頭〔註14〕

《五燈拔萃》解釋「探頭」曰：「山云：『探水一般也，言來探覷你深淺好惡也。』『探頭太過』者，探覷過分外也。」我們認為這個解釋也是可靠的。日本江戶時代最偉大的學術大師無著道忠，也大致持此觀點。最近雷漢卿先生《〈臨濟錄疏瀹〉獻疑》〔註15〕一文（以下簡為「《疑》文」）提出了不少的質疑，也頗有見地，讀後很有啟發。但《疑》文對「探頭」一詞的考釋，我們也有一點疑問，故不揣淺陋，以受教於方家。

先看《臨濟錄》原文，如：

（1）上堂，有僧出禮拜，師便喝。僧云：「老和尚莫探頭好。」師云：「爾道落在什麼處？」僧便喝。（據《大正藏》47 冊）

---

〔註14〕此文《漢語史研究集刊》2020 年第 29 輯，第 283～289 頁，略有改動。
〔註15〕雷漢卿：《〈臨濟錄疏瀹〉獻疑》，《漢語史研究集刊》，2016 年第 21 輯，第 257～272 頁。

無著道忠解釋說：

（2）老和尚莫探頭好：古德曰：言縱探也，探不得也。忠曰：此僧見師喝為探竿影草。頭，助辭，如詐明頭、掠虛頭之類。可讀「多宇」，不可讀「知宇」。「知宇」時，加志良也，如「淨頭」「磨頭」之類。」（春光院藏《臨濟錄疏瀹》寫本）

例（2）的解釋頗為詳細，是說「頭」有兩種用法，一種作助詞，讀作「多宇」（とう），一種作實詞，讀作「知宇」（ぢう）。「探頭」的「頭」跟意為胡說八道的「詐明頭」（そみんとう）、說大話，竊虛名的「掠虛頭」（らっきょとう）等詞中的「頭」一樣，都已經完全虛化，應該讀作「多宇」（とう tou），這是漢音，來自隋唐至宋前長安（今西安）地方讀音，屬北方系讀音。而不能如掌管清掃的「淨頭」（じんじゅう）、掌管研磨的「磨頭」（まじゅう）等詞中「頭」一樣讀作「知宇」（ぢう／じゅう ju-／ちゅう chu-／ちょう cho-），這些些詞中的「頭」還能看出頭目、首領的意思。這是唐（宋）音，來自明至清初中國南方地區讀音。頭，日語音讀作「知宇」時，與訓讀為「加志良」（かしら kasira）的「頭」詞義相同，都表示頭目、首領、首腦人物。看來，無著道忠是非常明白漢語「頭」的用法的，所以才特別指出要注意這裏「探頭」的「頭」的用法。《疑》文也承認唐宋時期「頭」已經完全語法化成為詞綴，且舉了大量例證，所以只要我們弄清「探頭」的意思，就能分辨出這裏的「頭」是否是助詞詞綴。

中國自唐宋以來幾乎沒有對「探頭」做出解釋，日人的解釋倒是挺多的，因為比較難見，我們不妨羅列如下，原文為日文的都翻譯為漢語：

（3）探頭，山云：「探水一般也，言來探覷你深淺好惡也。」「探頭太過」者，探覷過分外也。（龍光院藏《五燈拔萃》寫本）

（4）探頭者，勘辨之義也。（柳田文庫藏鐵崖道空《臨濟錄撮要鈔》寫本）

（5）探頭者，勘驗也。探，《爾雅》：「試也。」頭，附字也。（柳田文庫藏耕雲子《臨濟錄摘葉抄》寫本）

（6）探頭，指出義也。又肝過義。又試探也。或抄云：造次也。造次者，急遽也。古德著語云：果然中也。或抄云：此僧即知探竿影草機云爾也。（柳田文庫藏《臨濟錄鈔》寫本）

（7）探頭者，謂勘辨也。字面看。（柳田文庫藏夾山《臨濟錄
夾山鈔》寫本）

（8）護阜云：捆住前端就可以不用按住它了。探頭，捆住前端
之義。或首書云：莫造次。造次必於是云。注云：急遽也。莫探頭，
只上義，不可也。或抄云：探頭，指出義也。又肝過義。又探試。
云此僧即知探竿影草機云爾也。（柳田文庫藏萬安英種《臨濟錄萬安
抄》寫本）

（9）和尚莫探頭好？下吾云：「驗人端的處，下口即知音」。弁
云：「即便要找和尚，也不該講手段。此僧有明眼。」（柳田文庫藏
古帆周信《臨濟錄密參請益錄》寫本）

（10）老和尚莫探頭好：此僧殊勝作禮拜，不意被一喝喝破。
於是說道：「我只禮拜表敬意，別無異心。和尚難道不是似有所嫌疑
才試探我嗎？」越是藏機才越是居心巨測之人。探頭指試探、探聽。
頭，語助詞。（柳田文庫藏岡田自適《臨濟錄贅辯》寫本）

（11）探頭，見《虛堂·寶林語》……探頭一覷：「日語『きる』，
即偷看。探頭，指從人家的門口往裏面偷看。《水滸》第三回：『一
個人探頭探腦，在那裏張望。』又四十一回：『宋江揭起賬，慢望裏
面，探身便鑽。』探字義可見。」（龍光院藏寫本《諸錄俗語解·臨
濟錄》「探頭」條、《諸錄俗語解·虛堂錄》「探頭一覷」條）

（12）忠曰：此僧見師喝為探竿影草。頭，助辭。《爾雅》二（十
一丈）《釋言》曰：「探，試也。」注：「刺探嘗試。」（龍華院藏無
著道忠《葛藤語箋》寫本）

（13）探頭者，猶勘辨也。（龍華院藏無著道忠《虛堂錄犂耕》
寫本）

　　日人的解釋只有例（11）《諸錄俗語解》以及例（8）《臨濟錄萬安抄》引
護阜云，「頭」為實詞，但例（11）引《水滸傳》例證偏晚，例（8）明顯過於
牽強，都不足為信。其他都視「頭」為助詞。更重要的是，例（2）《五燈拔
萃》引宋末元初的入日僧人一山一寧（1247～1317）的解釋也是釋「頭」為沒
有實義的詞，應該有一定的可信度。例（12）（13）也是無著道忠的著作，也
都視「頭」為助詞。

那麼，《臨濟錄》中的「探頭」到底是什麼意思？是《疑》文和《諸錄俗語解》解釋的「探身」「伸頭」義還是無著道忠和日本學者解釋的「勘辨」義？我們不妨再詳細證明一下。

首先，「探頭」常與「詐明頭」出現同樣的語境，如：

（14）又僧問：「乍離凝峯丈室，來坐般若道場。今日家風，請師一句。」師云：「虧汝什麼處？」學云：「恁麼即雷音震動乾坤地，人人無不盡霑恩。」師云：「幸然未會，且莫探頭。」（《景德傳燈錄》卷二五，據《大正藏》 第 51 冊）

（15）問：「見色便見心，露柱是色，如何是心？」師曰：「幸然未會，且莫詐明頭。」（《景德傳燈錄》卷二四，據《大正藏》 第 51 冊）

「明頭」，明白的人，「詐明頭」即欺騙明白的人，也即亂說、胡說。這雖然不能就此推斷「探頭」義同「詐明頭」，也是「亂說、胡說」義，但足以說明二詞語義有關係，或表達的態度、旨意相同。「探頭」與言說有關，也是可以證明的。且看下面的例子：

（16）這僧三問探頭太過也。（《萬松老人評唱天童覺和尚頌古從容庵錄》卷二，據《大正藏》48 冊）

（17）保福雲門，也垂鼻欺唇（探頭太過）。（《萬松老人評唱天童覺和尚頌古從容庵錄》卷五，據《大正藏》48 冊）

（18）師上堂，有僧出禮拜，師便喝。僧云：「老和尚莫探頭好。」（《人天眼目》卷一，據《大正藏》48 冊）

（19）雪老別鼇山，卓菴閭中坐，一日見僧來探頭：「道什麼？」（《禪宗頌古聯珠通集》卷二八，據《續藏經》65 冊）

（20）靈隱嶽云：「五祖老人好語，只為探頭太過；香山有個方便，也要諸人共知。」（《宗門統要正續集》卷一九，據《永樂北藏》155 冊）

（21）生死事大，無常迅速。只者兩句探頭太過。（《大通禪師語錄》卷一，據《大正藏》81 冊）

（22）操尚書茶裏飯裏總不放過，無端下個探頭，若不是這僧，幾乎口啞然。（《二隱謐禪師語錄》卷四，據《嘉興藏》28 冊）

（23）上堂：「佛法無人說，雖慧莫能曉。」遂喝一喝曰：「莫
探頭好，有口且掛壁上。是法非思量分別之所能知。」（《五燈全書》
卷七八，據《續藏經》第 82 冊）

例（16）「探頭太過」對應「三問」，例（17）「探頭太過」 對應「垂鼻欺
唇」，例（18）「莫探頭」對應「喝」，例（19）「探頭」對應「道什麼」，例（20）
「探頭太過」對應「好語」，例（21）「探頭太過」對應「兩句」，例（22）「探
頭」作「下個」的賓語，而「下個」的賓語一般是「斷語」「註腳」「評語」等，
例（23）「莫探頭」對應「佛法無人說」，也對應「有口且掛壁上」，當然此句似
乎也可以句讀作：「莫探頭好！有口且掛壁上，是法非思量分別之所能知。」但
不管怎樣，「有口且掛壁上」都是承上啟下句。因為「莫探頭」與「是法非思量
分別之所能知」都是針對「佛法無人說」句，這是可以肯定的，那麼這兩句中
間的「有口且掛壁上」，承上啟下的作用就頗明顯了。我個人傾向於「有口且掛
壁上」也用感嘆號。末後句應該是引用佛祖釋迦牟尼的原話（參見《妙法蓮華
經》卷一，據《大正藏》第 9 冊 ），單獨成句似乎更為合理。這樣例子，特別
是與「喝問」之「喝」對應的例子，唐宋以來的禪錄特別多，不一一例舉。

禪錄中「探頭」與「亂道」常為異文，如：

（24）又僧問：「乍離凝峯丈室，來坐般若道場。今日家風，請
師一句。」師云：「虧汝什麼處？」學云：「恁麼即雷音震動乾坤地，
人人無不盡霑恩。」師云：「幸然未會，且莫探頭。」（《景德傳燈錄》
卷二五，據《大正藏》 第 51 冊）

（25）僧問：「鼓聲才動，大眾雲臻。向上宗乘，請師舉唱。」
師曰：「虧汝什麼？」曰：「恁麼即人人盡霑恩去也。」師曰：「莫亂
道。」（《景德傳燈錄》卷二六，據《大正藏》51 冊）

（26）僧問：「乍離凝峯丈室，來坐般若道場。今日家風，請師
一句。」師曰：「虧汝甚麼處？」曰：「恁麼則雷音震動乾坤界，人
人無不盡霑恩。」師曰：「幸然未會，且莫探頭。」（《五燈會元》卷
一○，據《續藏經》80 冊）

（27）僧問：「鼓聲才罷，大眾雲臻。向上宗乘，請師舉唱。」
師曰：「虧汝甚麼？」曰：「恁麼則人人盡霑恩去也。」師曰：「莫亂
道。」（《五燈會元》卷一○，據《續藏經》80 冊）

（28）僧問：「乍離凝峰丈室來，坐般若道場。今日家風，請師一句。」師曰：「虧汝甚麼處？」曰：「恁麼則雷音震動乾坤界，人人無不盡霑恩。」師曰：「幸然未會，且莫探頭。」（《五燈全書》卷一八，據《續藏經》81 冊）

（29）僧問：「鼓聲才罷，大眾雲臻。向上宗乘，請師舉唱。」師曰：「虧汝甚麼？」曰：「恁麼則人人盡霑恩去也。」師曰：「莫亂道。」（《五燈全書》卷二〇，據《續藏經》81 冊）

（30）僧問：「乍離凝峯丈室，來坐般若道場。今日家風，請師一句。」師曰：「虧汝甚麼處？」曰：「恁麼則雷音震動乾坤界，人人無不盡霑恩。」師曰：「幸然未會，且莫探頭。」（《五燈嚴統》卷一〇，據《續藏經》81 冊）

（31）僧問：「鼓聲才罷，大眾雲臻。向上宗乘，請師舉唱。」師曰：「虧汝甚麼？」曰：「恁麼則人人盡霑恩去也。」師曰：「莫亂道。」（《五燈嚴統》卷一〇，據《續藏經》81 冊）

例（24）與例（25）、例（26）與例（27）、例（28）與例（29）、例（30）與例（31）兩兩比較，明顯可以看出，「探頭」與「亂道」意思相同。

「探頭」之所以有亂道、胡說的意思，還得從「臨濟四喝」說起。如：

（32）師問僧：「有時一喝如金剛王寶劍、有時一喝如踞地金毛師子、有時一喝如探竿影草、有時一喝不作一喝用，汝作麼生會？」僧擬議，師便喝。（《鎮州臨濟慧照禪師語錄》，據《大正藏》47 冊）

（33）垂示云：「會則途中受用，如龍得水，似虎靠山；不會則世諦流布，羝羊觸藩，守株待兔。有時一句，如踞地獅子；有時一句，如金剛王寶劍；有時一句，坐斷天下人舌頭；有時一句，隨波逐浪。若也途中受用，遇知音別機宜，識休咎相共證明；若也世諦流布，具一隻眼，可以坐斷十方，壁立千仞。所以道，大用現前，不存軌則。有時將一莖草，作丈六金身用；有時將丈六金身，作一莖草用。且道，憑個什麼道理？還委悉麼？」（《佛果圓悟禪師碧岩錄》卷一，據《大正藏》48 冊）

臨濟之喝有四種作用，如金剛王寶劍、如踞地金毛獅子、如探竿影草、不作一喝用，是臨濟勘辨學人悟道之深淺的方法，截斷學人語路思路、促使

袪除分別妄心的手段。臨濟這種勘辨學人、試探學人的方法手段，禪錄中稱為「探頭」。正如無著道忠等先賢所解釋那樣，「探」的本義就是試探。所以《佛光大辭典》「探頭」條解釋說：「原為刺探之意；於禪林中轉指師家之勘辨。」也可以說臨濟的「喝」就是「探頭」，如：

> （34）上堂，僧問：「一人探頭，一人下喝，此二人相去幾何？」
> 師云：「三更半夜。」（《薦福承古禪師語錄》，據《續藏經》73 冊）

「探頭」與「下喝」就如「三更」與「半夜」，彼此彼此。

「喝」是禪家尤其是臨濟宗接引學人常用的施設，但若不知其用而「喝」，則稱為「胡喝亂喝」。如：

> （35）若不是作者，只是胡喝亂喝。所以古人道，有時一喝，
> 不作一喝用；有時一喝，卻作一喝用；有時一喝，如踞地獅子；有
> 時一喝，如金剛王寶劍。興化道：我見爾諸人，東廊下也喝，西廊
> 下也喝，且莫胡喝亂喝。直饒喝得興化，上三十三天，卻撲下來，
> 氣息一點也無，待我甦醒起來，向汝道未在。何故？興化未曾向紫
> 羅帳裏撒真珠，與爾諸人在，只管胡喝亂喝作什麼？（《佛果圓悟禪
> 師碧岩錄》卷一，據《大正藏》48 冊）

禪家運用「棒喝」的施設，真很難掌握好分寸。就是臨濟本人，也有「探頭太過」之處。如：

> （36）所以德山入門便棒，臨濟入門便喝，已是探頭太過，何
> 更立語言哉？（《真心直說》，據《大正藏》第 48 冊）

> （37）大道離言，如天普蓋。真機密運，似地普擎。眾生日用，
> 不知諸聖。所以問出德山臨濟，探頭太過。（《洪山俞昭允汾禪師語
> 錄》卷四，據《嘉興藏》第 37 冊）

所以例（1）僧說臨濟「莫探頭」，其實就是指責臨濟「探頭太過」，也就是說臨濟「胡喝亂喝」。

如此，「探頭」本指禪家「棒喝」之類勘辨學人的施設與手段，因為很難把握好分寸，常導致不知其用而用，故引申出有胡喝、亂道的意思。那麼「頭」字應該沒有實在的意義，是助詞詞綴還是有道理的。

### 三、吃嘹舌頭〔註16〕

唐宋禪錄常見「吃嘹舌頭」一語，《五燈拔萃》注曰：

（1）吉獠：《事苑》第一，下音料。北人方語。合音為字。吉
獠言徹戾……又或，以多言為吉獠者。嶺南有鳥似鸚鵒。籠養久則
解言。南人謂之吉獠。開元初，廣州獻之。雲門居嶺南，恐用此意。
又云：多口義也。吉獠舌頭三千里者，縱是說得猶隔三千里也。（龍
光院藏本《五燈拔萃》寫本）

《五灯拔萃》認同《祖庭事苑》對《雲門錄》一章中的「咭嘹」所做的
解釋。宋代睦庵善卿《祖庭事苑》最早對此詞做出解釋，原文與《五燈拔萃》
所引大同小異，如：

（2）吉嘹：下音料。北人方言，合音為字。吉嘹，言繳。繳，
糾戾也。繳其舌，猶縮卻舌頭也。如呼窟籠為孔，窟馳為窠也。又
或以多言為吉嘹者。嶺南有鳥似鸚鵒，籠養，久則能言，南人謂之
吉嘹。開元初，廣州獻之，言音雄重如丈夫，委曲識人情性，非鸚
鵡、鸚鵒之比。雲門居嶺南，亦恐用此意。（《祖庭事苑》，卷一，據
《續藏經》64 冊）

睦庵善卿所看到的《雲門錄》版本，「吃嘹」寫作「吉嘹」。從善卿的解
釋可以看出，「吉嘹」在宋代時就已經是一個難解之詞了，睦庵善卿頗為謹
慎，他為我們保留了兩種解釋，其中一種就是說吉嘹是一種鳥，另一種是說
「吉嘹」為「繳」的分音詞，「繳其舌」即「吉嘹舌頭」，意即「縮卻舌頭」。

日本室町江戶時代的釋義著作還有不同解釋，如：

（3）咭嘹舌頭三千里：即大嘴、大話、吹牛皮。《太平廣記》
（四百六十三）：「秦吉了，大約似鸚鵡、善效人言。音雄大，分明
於鸚鵒。」（大藏院藏《諸錄俗語解》寫本）

（4）吃嘹舌頭：日語「喋り」，即多語。吃嘹，秦吉了也，前
出。（同上）

日本古賀英彥《禪語辭典》解釋說：「吉嘹，結巴。又作吃嘹。」〔註17〕
有點類似《祖庭事苑》的「吉嘹」為「繳」的分音詞說法。

---

〔註16〕此詞考釋，原發表於《中國語文》2011 年第 5 期，第 472～475 頁，原題為
《〈禪錄詞語釋義商補〉商補》，有改動。
〔註17〕古賀英彥：《禪語辭典》，思文閣出版，1991 年。

　　中國國內也有不同解釋。《禪宗詞典》「吃嘹舌頭」條釋云：「禪師對於問法僧徒的斥罵語。嘹：男生殖器。」〔註18〕《唐五代語言詞典》「吃嘹舌頭」條云：「挨燙的舌頭，晉語。『嘹』借作『燎』。」〔註19〕雷漢卿《語文辭書詞語釋義商補》「吃嘹舌頭」條云：「比喻學舌喋喋不休而言不及義。……『吃嘹』得名於『吉了、這種鳥似鸚鵡，善效人言。又叫『秦吉了』。」〔註20〕何小宛《禪宗詞語《禪錄詞語釋義商補》認為「吃嘹」「乞嘹」「吉獠」「咭嘹」和「吉了」等實為異形同詞，禪籍中出現的「犵獠」「吉撩」等都是「吃嘹」的異形詞，是一種能模仿人語的鳥，「吃嘹舌頭」指「用來譏斥不明心地、只知背誦經文或公案機語的問法僧人」〔註21〕。眾說紛紜，莫衷一是。

　　我們以為說「吃嘹」是一種鳥，這個解釋可以商榷的。因為「吃嘹」在宋代的禪籍裏不僅出現「舌頭」前，也可出現在「舌頭」後，還可以重疊，甚至前面還可加副詞「不」，如：

　　　　（5）咭嘹舌頭，話盡平生心事；累垂鼻孔，何妨摩觸家風。（《宏智禪師廣錄》，卷五，據《大正藏》48 冊）

　　　　（6）點頭言語丁寧，擺手舌頭猹獠。不猹獠，人人腳下長安道。（《宏智禪師廣錄》，卷四，據《大正藏》48 冊）

　　　　（7）築築磕磕兮鼻孔累垂，哆哆和和兮舌頭猹獠。（《宏智禪師廣錄》，卷七，據《大正藏》48 冊）

　　　　（8）舌頭猹獠明無骨，鼻孔累垂暗有香。（《宏智禪師廣錄》，卷八，據《大正藏》48 冊）

　　　　（9）僧問雲門大師：「如何是超佛越祖之談？」門云：「胡餅。」師云：「雲門老子能施設，胡餅佛祖俱超越。哆哆和和兩片皮，猹猹獠獠三寸舌。不是特地展家風，也非投機應時節。生鐵鑄成無孔錘，忒團圞兮難下楔。諸禪德，且道：天童今日是下楔不下楔？明眼人辨取。」（《宏智禪師廣錄》，卷四，據《大正藏》48 冊）

〔註18〕袁賓：《禪宗詞典》，湖北人民出版社，1994 年。
〔註19〕江藍生、曹廣順主編：《唐五代語言詞典》，上海教育出版社，1997 年。
〔註20〕雷漢卿：《語文辭書詞語釋義商補》，《漢語史研究集刊》第十三輯，巴蜀書社，2010 年。
〔註21〕何小宛：《禪錄詞語釋義商補》，《中國語文》，2009 年第 3 期，第 269～271 頁。

「猞獠」同「咭嘹」一樣都是「吃嘹」的異文。「猞」與「吃」中古聲母相同，都是「見」母，又都是入聲字，韻母也相近，前者為「屑」部，後者為「迄」部。以上例句中的「猞獠」或放在「舌頭」二字之前，或重疊，或加副詞「不」修飾，均不能解釋為「一種能模仿人語的鳥」。所以，「咭嘹」或「猞獠」的釋義應該要另求新解。

例（1）睦庵善卿雖然覺得此詞難解，但顯然是不怎麼贊同「吃嘹」是一種鳥的說法，所以他把這種解釋放到後面，並用「又或」「亦恐」等詞表達模棱兩可的態度。他認同的應該是，「吉嘹」為「繳」的分音詞，「繳其舌」即「吉嘹舌頭」，意即「縮卻舌頭」。《祖庭事苑》是我國最早的一部禪宗詞典，它的作者睦庵善卿本人也是禪僧，又離《雲門錄》成書時間不遠，他的理解無疑是有一定道理的。從例（5）至例（9）中「咭嘹」或「猞獠」多與「累垂」對應來看，睦庵善卿的「縮卻舌頭」之說是站得住腳的。而且有不少地方的方言事實可以證明。陝西、山西、內蒙、河北、河南等地方方言都把物體彎曲翹卷叫做「吉嘹」，大部分地方志或方言志都寫作「圪料」。如王克明說，陝北話裏「不平整，彎曲，兩頭翹起，就叫做『吉獠』，音若『葛聊』。」〔註22〕侯精一、溫端政〔註23〕、邢向東〔註24〕等人都認為「圪料」是「翹」的分音詞，李藍〔註25〕則認為「圪料」是「蹺」的分音詞。睦庵善卿說「咭嘹」是「繳」的分音詞。「圪」與「吃」都是入聲字，都是舌根音，「料」與「嘹」同音，所以「圪料」也同樣可以看成「吃嘹」的異形詞。

我們再回到「吃嘹舌頭」的最早出處唐雲門文偃撰、宋守堅編的《雲門匡真禪師廣錄》，該書中「吃嘹舌頭」共有4處：

（10）問：「如何是教意？」師云：「吃嘹舌頭，更將一問來！」（《雲門匡真禪師廣錄》，卷上，據《大正藏》47冊）

（11）問：「承古有言：一塵遍含一切塵。如何是一塵？」師云：「吃嘹舌頭，更將一問來！」（《雲門匡真禪師廣錄》，卷上，據《大正藏》47冊）

〔註22〕王克明：《聽見古代——陝北話裏的文化遺產》，中華書局，2007年，第228頁。
〔註23〕侯精一、溫端政：《山西方言調查研究報告》，山西高校聯合出版社，1993年，第75頁。
〔註24〕邢向東：《神木方言研究》，中華書局，2002年，第264頁。
〔註25〕李藍：《方言比較、區域方言史與方言分區——以晉語分音詞和福州切腳詞為例》，《方言》第1期，第41～59頁。

（12）問：「生死根源即不問，如何是目前三昧？」師云：「吃
嘹舌頭三千里！」（《雲門匡真禪師廣錄》，卷上，據《大正藏》47 冊）

（13）僧問：「如何是轉處實能幽？」師云：「吃嘹舌頭，老僧
倒走三千里！」（《雲門匡真禪師廣錄》卷中，據《大正藏》47 冊）

以上 4 例中的「吃嘹舌頭」都是雲門禪師回答僧徒問法時的答語，基本
句式只有兩種，一是「吃嘹舌頭，更將一問來」，一是「吃嘹舌頭三千里」。在
唐宋其他禪錄裏「吃嘹舌頭」或作「乞嘹舌頭」「咭嘹舌頭」「吉嘹舌頭」「吉
獠舌頭」等，基本上也都是這兩種句式。如：

（14）進云：「兩頭俱坐斷，八面起清風。」師云：「吃嘹舌頭
三千里！」（《大慧普覺禪師再住徑山能仁禪院語錄》，卷六，據《大
正藏》47 冊）

（15）問：「承古有言：一塵遍含一切塵。如何是一塵？」師云：
「乞嘹舌頭，更將一問來！」（《古尊宿語錄》，卷四○，據《續藏經》
15 冊）

（16）進云：「斬釘截鐵本分宗師，眹兆未分請師速道。」師云：
「咭嘹舌頭三千里。」（《圓悟佛果禪師語錄》，卷九，據《大正藏》
47 冊）

（17）問：「如何是鹿苑一路？」師曰：「吉嘹舌頭問將來。」
（《景德傳燈錄》，卷一三，據《大正藏》51 冊）

（18）上堂：「普賢行，文殊智，補陁岩上清風起。瞎驢趁隊過
新羅，吉獠舌頭三千里。」（《古尊宿語錄》，卷四○，據《續藏經》
68 冊）

「吃嘹舌頭，更將一問來」這類句式，在唐宋禪錄裏又作「縮卻舌頭，
致將一問來」或「倒轉舌頭，答我一問來」，顯見其意義相近之處。如：

（19）僧問：「離四句，絕百非，請師道。」師云：「縮卻舌
頭，致將一問來。」（《佛海瞎堂禪師廣錄》卷一，據《續藏經》
69 冊）

（20）如何是最初一燈？或道：山河大地，日月星辰，此正是
他影子。向光未發已前，倒轉舌頭，答我一問來。（《石溪和尚語錄》，
卷上，據《續藏經》71 冊）

（21）喝一喝，則日照天臨；打一棒，乃云行雨施。拈卻面前案山子。倒轉舌頭，試為我道一句看！若道不得，三十年後莫道見鴻福來。（《嘉泰普燈錄》，卷一五，據《續藏經》79冊）

（22）拈云：「縮卻舌頭，別舉來看！」（《真歇清了禪師語錄》，據《續藏經》71冊）

《祖堂集》類似的句式作「並卻咽喉唇吻，速道將來」，如：

（23）師索大顛曰：「並卻咽喉唇吻，速道將來。」對曰：「無這個。」（《祖堂集》，卷四，石頭和尚）

（24）問：「並卻咽喉唇吻，請師道！」師曰：「汝只要我道不得。」（《祖堂集》，卷六，投子和尚）

（25）師垂語云：「並卻咽喉唇吻，速道將來。」有人云：「學人道不得，卻請師道。」（《祖堂集》，卷一四，百丈和尚）

《景德傳燈錄》類似的句式又作「不涉唇鋒，問將來」，如：

（26）問：「不涉唇鋒，乞師指示。」師曰：「不涉唇鋒，問將來。」（《景德傳燈錄》，卷二〇，據《大正藏》51冊）

可見，「吃嘹舌頭」其實就是禪錄中常見的「縮卻舌頭」，意義類似於「並卻咽喉唇吻」「不涉唇鋒」。禪宗理論核心就是不立文字，它強調以心傳心，見性成佛，超離言辭知解。所以，「吃嘹舌頭，更將一問來」是禪師批評問法僧人拘泥於言語知解，並希望禪人能有截斷語言障礙，見性成佛的問頭來。《祖堂集》卷一〇，鏡清和尚：「又問：『只如從上祖德豈不是以心傳心？』峰云：『是。兼不立文字語句。』師曰：『只如不立文字語句，師如何傳？』峰良久。遂禮謝起，峰云：『更問我一傳，可不好？』對云：『就和尚請一傳問頭。』」可資參照。

第二種句式，「吃嘹舌頭三千里」或「吃嘹舌頭，老僧倒走三千里」（《密庵語錄》作「咭嘹舌頭，老僧倒退三千里」）在唐宋禪錄裏比較接近的，如：

（27）垂示云：「坐斷天下人舌頭，直得無出氣處，倒退三千里，是衲僧氣宇。」（《佛果圓悟禪師碧岩錄》卷九，據《大正藏》48冊）

「三千里」，唐宋禪錄中常用，不少人理解為，離悟道還差三千里，似乎也通。但「三千里」又常作「倒走三千里」「倒退三千里」「勃跳三千里」，此又作何解釋呢？其實它比喻禪家的機鋒銳不可當（參《佛學大辭典》及《佛光大辭典》「倒退三千」條）。此從例（27）也可以看出來。禪法直指人心，參

禪者當截斷一切言語情識，令人無理路可循，畏之而退。所以，「吃嘹舌頭三千里」是說截斷一切言語情識、直指人心的機鋒，銳不可當。正所謂：「一種機截眾流，透過祖師關，若是明眼人，已透過三千里。」（《圓悟佛果禪師語錄》，卷六，據《大正藏》47 冊）「吃嘹舌頭，老僧倒走三千里」則更進一步，意思是說，參禪者若能截斷言語，本分相見，就連老僧這樣的宗師也得退讓三千里。

可見，《五燈拔萃》的引《祖庭事苑》的解釋還是很有道理的。

# 第二節　《五燈拔萃》有待深入考釋的方俗語詞

《五燈拔萃》對《五燈會元》的方俗語詞，其中有一部分疑難語詞沒有釋義，需要進一步探討，還有個別存在明顯錯誤的釋義，也值得深入考釋。

## 四、屙沸

「屙沸」在唐宋禪錄裏出現頻率很高，在《五燈會元》也出現了 3 次，《五燈拔萃》抄錄了有原文，但未做釋義。所以，很有必要加以考釋。

「屙」又作「屙」（以下皆寫作「屙」），音義無別。「屙沸」更多的時候常跟「碗鳴聲」連在一起，有時也單用。

單用作「屙沸」「沸屙」「碗鳴」，或作「碗鳴聲」「屙沸聲」：

（1）問：「幽鳥語喃喃，辭雲入亂峰時如何？」曰：「暗寫愁腸寄與誰？」云：「恁麼則不離當處常湛然，覓即知君不可見？」曰：「莫屙沸。」（《嘉泰普燈錄》卷一八，據《續藏經》79 冊）

（2）雲門示眾云：「三乘十二分教，達磨西來，放過即不可，若不放過，不消一喝。」雪竇舉了一喝。復云：「好喝。大眾若要鼻孔遼天，辯取這一喝。」師拈云：「唱高和寡，則不無二古德；檢點將來，當甚屙沸聲？」（《兀庵普寧禪師語錄》卷一，據《續藏經》71 冊）

（3）谷山問秀溪：「聲色純真時如何？」曰：「椀鳴作麼？」（《嘉泰普燈錄》卷二十六，據《續藏經》79 冊）

（4）問：「進者不明，請師一撥。」師云：「近前來，與汝撥。」學云：「謝和尚指示。」師云：「碗鳴聲作麼？」（《古尊宿語錄》卷三十七，據《續藏經》68 冊）

　　（5）釋迦乾屎橛，達磨老臭禿。一人曲說直，一人直說曲。彼
此大丈夫，肯受爾沸屎。（《大慧普覺禪師住江西雲門庵語錄》卷七，
據《大正藏》47冊）

　　連用作「屎沸碗鳴」「屎沸碗鳴聲」「盌鳴屎沸」或「屎沸」與「碗鳴」
互文。如：

　　（6）咄一喝，如金剛王寶劍；屎廁籌一喝，如踞地獅子；窟裏
老鼠一喝，如探竿影草；釣蝦蟆漢一喝，不作一喝用，髑髏前魍魎，
今夜清涼，恁麼喚作醫死馬；縱然活去者一喝，爭免個屎沸椀鳴聲？
（《如淨和尚語錄》卷下，據《大正藏》48冊）

　　（7）世間所貴者，和氏之璧、隋侯之珠，金山喚作驢屎馬糞；
出世間所貴者，真如解脫、菩提涅槃，金山喚作屎沸碗鳴。（《五燈
會元》卷十五，據《續藏經》80冊）

　　（8）倒施逆用，獨掇單提。烏飛兔走，虎驟龍馳。晷運推移兮
日南長至，布裩不洗兮無來換替。從教撒土拋沙，自在盌鳴屎沸。
我今稽首樓至如來，揭諦揭諦波羅揭諦。（《佛海瞎堂禪師語錄》卷
四，據《續藏經》69冊）

　　（9）一切聲是佛聲，從他認我碗鳴；塵言歸第一義，自要看渠
屎沸。（《禪宗頌古聯珠通集》，據《續藏經》65冊））

　　根據以上的例句，我們可以推測出「屎沸」的大致意義。首先，「屎沸」
和「碗鳴聲」都是對別人言論或佛教義理的批評與指責，常用在表禁止的否
定副詞「莫」等後面，有勸誡或阻止別人發出如是言說的意思；也常在主觀
評價性的動詞短語後面，有時省略主觀評價性的動詞短語，都有被看作一種
不好的或沒價值的意見的意思；用於疑問句中，「屎沸」和「碗鳴聲」或在「甚」
「甚麼」等詞後，都語含否定，前者是說不是什麼好說法或教理，後者則是
說不要發如此議論。可見「屎沸」或「碗鳴聲」的意思有點接近於「胡說」
「瞎說」「無稽之談」的意思。其次，「屎沸」或「碗鳴聲」又常跟一些粗俗的
詈詞用在一起，而且說話人、聽話人似乎都比較反感，情緒激動並伴有偏激
的動作。如：

　　（10）師曰：「片月難明，非關天地。」頭曰：「莫屎沸。」便
作掀禪床勢。（《五燈會元》卷五，據《續藏經》80冊）

（11）師才見便問：「大眾，有人道得第一句即留取。」如是再問。時有僧出云：「某甲諮和尚。」師便喝云：「莫屎沸。」便將籠子燒卻。（《聯燈會要》卷二〇，據《續藏經》21 冊）

（12）僧問投子：「一切聲是佛聲，是否？」投子云：「是」僧云：「和尚莫屎沸碗鳴聲。」投子便打。（《碧巖錄》卷八，據《大正藏》48 冊））

禪師說完此類罵語「便作掀禪床勢」或「便將籠子燒卻」，或便要懲戒說話人。可見「屎沸」和「碗鳴聲」顯然是粗俗的罵語。

以上是通過描寫「屎沸」或「碗鳴聲」在唐宋禪錄裏的用法狀況，來推知其在禪錄中的大致意義，還不能算是精確的解釋。要弄清其準確的含義，還必須要弄清其來龍去脈。這並不是一件容易的事。中日古今不少僧人及學者都為之做出過努力，力圖給出準確的解釋，可至今都尚無確解。

先看「屎沸」的意義。宋代以及日本室町、江戶時代有一些相關釋義，如：

（10）屎，丁木切，尾下孔。（《祖庭事苑》卷二，《續藏經》24 冊）

（11）△熱盌鳴聲：《正字通·午·中》（四十一丈）曰：「盌，烏卷切，剜上聲。《說文》：小盂。（云云）俗作椀。」○忠曰：《碧巖集》八（廿丈）《第七十九則》曰：「舉：僧問投子：『一切聲是佛聲，是否？』投子云：『是。』僧云：『和尚莫屎沸碗鳴聲。』投子便打。」○忠曰：熱盌鳴聲，如耶須御器盛熱湯，有志利志利聲，徒有鳴聲而無義無用而已。今以此喻抑下大小乘經。○舊解云：湯盛碗有聲，是非真沸，故以喻不實義。忠曰：此義非也。若又如說，則《碧巖》「屎沸」又如何取義？（龍華院藏無著道忠《大慧普覺禪師書栲栳珠》寫本）

（12）△沸屎：《俱舍頌疏·世間品四》曰：「十六增者，八捺落迦，四面門外，各有四所。一塘煨增……二屎糞增。謂此增內，屎糞泥滿於其中。多有娘矩吒蟲，嘴利如針，身白頭黑。有情遊彼，皆為此蟲鑽皮破骨，咂食其髓。」今「沸屎」謂此也。（龍華院藏無著道忠《五家正宗贊助桀》寫本）

（13）屎沸坑：罵人為糞所也。（《禪林方語》）

　　例（10），北宋睦庵善卿所著的中國古代最早的禪宗詞典《祖庭事苑》只解釋了「屒」的音義，十四世紀初日本五山禪僧歧陽方秀《碧岩錄不二抄》〔註26〕以及晚些時候的大智實統《碧岩錄種電抄》（元文 4 年即 1739 年刊本）〔註27〕也同樣只解釋了「屒」的音義。例（11）～（13）只是相關。一直到現代日本學者古賀英彥才在其《禪語詞典》一書中才對「屒沸」一詞作出全面的解釋，他認為「屒沸」是擬聲詞，指熱水噴出的卟嘰卟嘰的聲音，比喻無意義的聲音。（原文為：「プップツと湯気がふき出す音の擬音語。無機物が出す無意味な音。」）〔註28〕古賀英彥完全拋開了「屒沸」的字面意思，又沒說明假借，完全套用例（10）無著道忠對「熱盌鳴聲」的解釋，因此他的解釋很難讓人相信。中國現代學者也對「屒沸」一詞進行了討論。滕志賢認為「屒沸」為「蜩沸」之借，意思是形容聲音嘈雜喧鬧〔註29〕。但「屒沸」多是對他人言論或佛教義理的評議，並無喧鬧的情狀。劉瑞明因此把「屒沸」解釋為「放屁」〔註30〕，這一解釋應該是至今為止最切詞義句義的一種解釋。遺憾的是，他沒有解釋「沸」，僅據「屒」為「肛門」的意思就做出了「屒沸」意為「放屁」的解釋。

　　「屒沸」的「屒」是「肛門」的意思，除了滕志賢理解為假借、古賀英彥未加注解外，其他研究者都持此觀點。禪典絕大部分都用「屒」「屒」這兩個都有「肛門」意思字來表示「屒沸」，肯定不是隨意的。我們仔細地對照紙本和電子本《大正藏》和《續藏經》也只發現兩處例外，這兩處例外都出現在《續刊古尊宿語要》裏。一處作「豚沸」，一處作「屎沸」：

　　　　（14）如來禪，祖師意。絕承當，只這是。破草鞋，汗臭氣。熱盌鳴，驢豚沸。也大奇，不思議。分明在目前，今古應無墜。佛滅二千年，比丘少慚愧。喝一喝。（《續刊古尊宿語要》卷六，據《續藏經》68 冊）

---

〔註26〕歧陽方秀：《禪語辭書類聚・碧岩錄不二抄》，東京：禪文化研究所，1993 年第 247 頁。
〔註27〕大智實統：《碧岩錄種電抄》，東京：禪文化研究所，1991 年，第 39 頁。
〔註28〕古賀英彥：《禪語詞典》，東京：思文閣出版，第 352 頁。
〔註29〕滕志賢：《〈五燈會元〉詞語考釋》，《俗語言研究》，1995 年，第 2 輯，第 36 ～37 頁。
〔註30〕劉瑞明：《禪籍詞語校釋的再討論》，《俗語言研究》，1996 年，第 3 輯，第 152 ～164 頁。

　　（15）僧問投子：「一切聲是佛聲，是否？」投子云：「是」僧
云：「和尚莫屎沸盌鳴聲。」子便打。（《續刊古尊宿語要》卷六，據
《續藏經》68 冊）

　　其實，「豚」也是肛門的意思。《廣韻・屋韻》：「豚，尾下竅也。」《集
韻・屋韻》：「豚，《博雅》：『臀也。』或作屄。」《龍龕手鑒・尸部》：「屄，
俗；尻今。」《玉篇・尸部》：「尻，俗豚字。」而「屎沸」正提示了「屄」
的排泄功能，「屎」是「屄」的排泄物，這給我們提供了「屄沸」確切含義
的重要線索。「沸」字從未見有人進行解釋，不知是認為其意義過於淺顯，
不值得解釋，還是意義過於複雜，難以解釋。其實「沸」字的意義頗為關鍵，
不能避而不談。《漢語大詞典》中，「沸」有十個義項，分別是：① 泉湧貌；
② 液體燒滾的狀態；③ 把水燒開；④ 指氽、燙；⑤ 沸水，燒開的水；⑥
喧騰，喧囂；⑦ 謂名聲很響，影響很大；⑧ 雜亂，紛亂；⑨ 洇；⑩ 通
「孵」。初看起來，每個義項似乎都太不合適。我們以為「屄沸」應是「口
沸」「舌沸」構詞例句相同。

　　「口沸」出自於《韓詩外傳》卷九：「小人之論也，專意自是，言人之非，
瞋目搤腕，疾言噴噴，口沸目赤。」〔註31〕「口沸目赤」《漢語大詞典》有收，
解釋為：「謂口沫橫飛，眼睛發紅。形容人情緒激動，聲色俱厲的神態。」這
應該是最為權威的解釋。雖然沒有解釋「口沸」或「沸」，但「口沸」或「沸」
的意義已經隱含其中。不少成語詞典收有「口沸目赤」一詞，其中也不乏大
膽地解釋了「口沸」或「沸」的，儘管它們對該成語整個的意思解釋沒什麼問
題，但對「口沸」或「沸」的解釋卻大有問題。如李一華、呂德中編的《漢語
成語詞典》解釋「口沸目赤」：「形容人情緒激勸，聲色俱厲的神態。口沸：嘴
巴像滾開的沸水那樣不斷翻滾。」〔註32〕程志強等編的《中華成語大詞典》
則釋曰：「口沸：嘴巴像沸騰的開水翻滾。目赤：眼睛紅了。說話多而急，眼
睛都紅了。形容說話時情緒激動聲色俱厲的樣子。」〔註33〕蕭灼如編的《漢
語成語組群詞典》：「沸、赤：比喻燒、熱。形容因情緒激動，聲音臉色都變得
很嚴厲的樣子。」〔註34〕伍宗文等編的《新世紀漢語成語詞典》：「沸，沸騰。

〔註31〕中華文化復興運動推行委員會、國立編譯館中華叢書編審委員會主編，賴炎
　　　　元注譯：《韓詩外傳今注今譯》，商務印書館，1979 年，第 398 頁。
〔註32〕李一華、呂德中：《漢語成語詞典》，四川辭書出版社 1985 年，第 464 頁。
〔註33〕程志強：《中華成語大詞典》，中國大百科全書出版社，2003 年，第 427 頁。
〔註34〕蕭灼如：《漢語成語組群詞典》，青島海洋大學出版社，1995 年，第 350 頁。

赤：發紅。形容十分激動，聲色俱厲。」〔註35〕這些解釋由於不明「沸」義，弄得連釋語本身都變得不倫不類，讓人沒法理解。只有俞長江、張念安、王書良主編的《中華典故全書》解釋得比較合理：「沸，水翻湧的樣子。口沸，口沫橫飛的樣子。形容人情緒激動。」〔註36〕賴炎元注譯的《韓詩外傳今注今譯》釋「口沸」為「口水外噴」更為準確〔註37〕。可見，這裏的「沸」還可以進一步解釋為「飛灑」或「噴濺」等。《集韻·勿韻》「㳷，灑也。或作沸。」唐李白《望廬山瀑布》：「飛珠散輕霞，流沫沸穹石。」《古今小說·晏平仲二桃殺三士》：「臣國中人呵氣如雲，沸汗如雨，行者摩肩，立者並跡。」其中「沸」都有「灑」的意思。

「舌沸」唐宋禪錄裏用得很多：

（16）上堂：「心生法滅，性起情亡。這裏悟去捏怪，有甚麼難？」舉起拂子云：「看看，觀音彌勒普賢文殊，盡向徑山拂子頭上聚頭打葛藤。若也放開，從教口勞舌沸；若也把住，不消一擊。」以拂子擊禪床。下座。（《大慧普覺禪師住徑山能仁禪院語錄》卷二，據《大正藏》47冊）

（17）上堂：「口羅舌沸，千喚萬喚，露柱因甚麼不回頭？」良久曰：「美食不中飽人吃。」便下座。（《五燈會元》卷一五，據《續藏經》80冊）

（18）只如欽上座，今夜恁麼口嘮舌沸，說七道八，且道還出得這一笑也無？若謂出不得，未免亦是西天九十六種之數；若謂出得，其奈有傍觀眼在。（《雪巖和尚語錄》卷二，據《續藏經》70冊）

「口羅舌沸」「口勞舌沸」或「舌沸」實為一詞。宋陸游《老學庵筆記》卷六說：「四方之音有訛者，則一韻盡訛。如閩人訛高字，則謂高為歌，謂勞為羅。」〔註38〕「羅」「勞」「嘮」方言音同。「口勞舌沸」在禪典中用頻很高，但至今仍只見袁賓師的《宋語言詞典》有釋：「形容費盡口舌。」〔註39〕這一

〔註35〕伍宗文：《新世紀漢語成語詞典》，四川辭書出版社，2006年，第433頁。
〔註36〕俞長江、張念安、王書良：《中華典故全書》，中國國際廣播出版社，1994年，第375頁。
〔註37〕中華文化復興運動推行委員會、國立編譯館中華叢書編審委員會主編，賴炎元注譯：《韓詩外傳今注今譯》，商務印書館，1979年，第398頁。
〔註38〕陸游：《老學庵筆記》，中華書局，1979年，第77～78頁。
〔註39〕袁賓：《宋語言詞典》，上海教育出版社，1997年，第167頁。

解釋非常精當，雖然沒解釋「沸」的意思，但「沸」的意義已隱含其中，「舌沸」應該也是口沫飛灑的意思。

「口沸」「舌沸」有口沫飛灑的意思，由此應該也可以推出「屙沸」有「肛門裏面的東西飛灑出來」的意思，也就是「撒屎放屁」的意思。我們前文提到，宋代師明的《續刊古尊宿語要》將「屙沸」寫成「屎沸」，很大原因估計也是「屙沸」的「撒屎」的意義在抄錄或刻寫者潛意識裏起作用的結果。「肛門」一詞在粵語地區都讀作近似「屎沸」的音，一些地方志和方言志裏記錄為「屎勿」「屎忽」「屎屌」「屎朏」「屎窟」等，清宣統辛亥年《東莞縣志》：「臀謂朏臀，又謂之屎朏。」（這裏「臀」和「屎」亦可替換，這與「屙沸」寫成「屎沸」頗有點類似。）〔註40〕而如今的網友卻多寫成「屎沸」（比例僅低於「屎忽」），無疑也是因為肛門是撒屎放屁的地方。

唐宋禪錄裏也有用「撒屎放屁」表示比較虛的意義，類似於「屙沸」的用法的：

　　（19）因我得禮你，莫放屁撒屎。帶累天下人，錯認自家底。
（蒙庵聰）。（《禪宗頌古聯珠通集》卷三一，據《續藏經》65 冊）

這也證明了「屙沸」由「肛門撒屎放屁」而來是有語言事實依據的。可能是因為「放屁」比「撒屎」更隨意，且撒屎還可以做肥料，放屁毫無用處，所以「屙沸」才固定為「放屁」的意思。

## 五、碗鳴聲〔註41〕

「碗鳴聲」在《五燈會元》出現了四次，其中有兩次作「盌鳴聲」，如：

　　（1）世間所貴者，和氏之璧、隋侯之珠，金山喚作驢屎馬糞；出世間所貴者，真如解脫、菩提涅槃，金山喚作屙沸碗鳴。且道恁麼說話，落在甚麼處？（《五燈會元》卷一五，據《續藏經》第 80 冊）

〔註40〕 參見《漢語方言大詞典》第 4504 年～4509 頁。「肛門」一詞在粵語中都讀作近似「屎沸」的音。珠海前山讀作[si¹³ fɐt³³]，中山石岐讀作[si²¹³⁻²¹ fɐt⁵⁵]，信宜讀作[si²¹³⁻²¹ fɐt⁵⁵]，陽江讀作[ʃi²¹ fɐt²⁴]，澳門讀作[si¹³ fɐt⁵⁵]，廣州讀作[ʃi³⁵ fɐt⁵⁵]，佛山讀作[si³⁵ fɐt⁵⁵]，番禺讀作[si³⁵ fɐt⁵⁵]，新會讀作[si⁴⁵ fæt⁵⁵]。

〔註41〕 此詞考釋，原發表於《漢語史學報》2016 年第 16 輯，第 278～287 頁，原題為《〈祖堂集〉疑難語詞考校商補》，有改動。

（２）開口有時非，開口有時是。麤言及細語，皆歸第一義。釋迦老子碗鳴聲，達磨西來屎臭氣。唯有山前水牯牛，身放毫光照天地。（《五燈會元》卷一九，據《續藏經80冊》）

（３）泉州陳氏到首山。山問：「近離甚處？」師曰：「漢上。」山豎起拳曰：「漢上還有這箇麼？」師曰：「這箇是甚麼盌鳴聲？」（《五燈會元》卷一一，據《續藏經》第80冊）

（４）問：「一切聲是佛聲，是不？」師曰：「是。」曰：「和尚莫屎沸盌鳴聲。」師便打。（《五燈會元》卷五，據《續藏經》第80冊）

此詞最早見於《祖堂集》，如：

（５）問：「目瞪口呿底人來，師如何擊發？」師云：「何處有與摩人？」學人云：「如今則無，忽有如何？」師云：「待有則得。」進曰：「終不道和尚不為人。」師云：「莫垸鳴聲。」（《祖堂集》卷一三，招慶和尚，第485～486頁）

「垸」為「碗」的俗字，這應該毫無疑義，《祖堂集》「碗」皆寫作「垸」，在敦煌文獻裏「宛」旁字和「完」旁字也是常通用〔註42〕。

關於「碗鳴聲」的解釋，《五燈拔萃》未做釋義。無著道忠在其著作《大慧普覺禪師書栲栳珠》中解釋「三乘十二分教是甚麼熱盌鳴聲」裏的「熱盌鳴聲」時云：「熱盌鳴聲，如耶須御器盛熱湯，有志利志利聲，徒有鳴聲而無義無用而已。今以此喻抑下大小乘經。舊解云：湯盛碗有聲，是非真沸，故以喻不實義。忠曰：此義非也。若又如說，則《碧岩》『屎沸』又如何取義？」〔註43〕古賀英彥的《禪語詞典》採用的就是無著道忠的解釋〔註44〕。項楚將「碗鳴聲」解釋為：「鬼物之聲。鬼物取食，不見形影，但聞碗鳴也。後因以指惡聲。禪宗話頭則以指可厭惡之事物。〔註45〕江藍生、曹廣順編著的《唐

〔註42〕如 P. 2299 年《太子成道經》：「見一人劣瘦至甚，藥梡在於頭邊。」P. 3757 年《燕子賦》：「不問好惡，拔拳即权。左推右髽，耳摑顋。」「梡」「权」分別為「椀」「剜」。

〔註43〕無著道忠：《大慧普覺禪師書栲栳珠》，東京：龍華院藏，1729 年，第 37 頁。

〔註44〕古賀英彥：《禪語詞典》，東京：思文閣出版，1992 年，第 498 頁。古賀英彥《禪語詞典》釋「碗鳴聲」為：「湯をついだときに碗が立てる無機的な音。無意味な發言に喻える。」即認為「碗鳴聲」是水倒入碗中的聲音，指無意義、無聊的聲音。

〔註45〕項楚：《王梵志詩校注》，上海古籍出版社，1991 年，第 613 頁。

五代語言詞典》也沿用此說法〔註46〕。劉瑞明則認為：「『碗鳴』也就是『瓶鳴』，也就是『半瓶子咣當』。」〔註47〕無著道忠之前或同時代的鐵崖道空（1626年～1702）的《臨濟錄撮要鈔》〔註48〕、耕雲子元祿11年（1698）刊本的《臨濟錄摘葉抄》〔註49〕、寬永7年（1630）刊本的《臨濟錄鈔》〔註50〕、古帆周信（1570年～1641）的《臨濟錄密參請益錄》〔註51〕、承應3年（1654）刊本的《臨濟錄夾山鈔》〔註52〕以及萬安英種（1591年～1654）的《臨濟錄萬安抄》〔註53〕等都解釋了《臨濟錄》中「許多禿子在這裏覓什麼碗」中的「碗」，它們大多解釋為「閑傢俱」「無用處之謂」等。桂洲道倫（1714年～1794）等的《諸錄俗語解》釋「了個什麼碗」云：「碗，無意義；什麼碗，猶曰什麼事。」〔註54〕大智實統《碧岩錄種電抄》（元文4年即1739年刊本）對「碗」的解釋也大同小異。諸如此類的解釋儘管都沒有解釋「碗鳴聲」，但已經把其中的關鍵字解釋清楚了。「碗」是「閑傢俱」「無用處之謂」「無意義」，那「碗鳴聲」當然就是閑傢俱的聲音或無用處、無意義的聲音了。這樣的解釋應該都是比較準確地理解了文意，但若追根尋底，為什麼「碗」是「閑傢俱」或「無用之物」就不得其解了。

　　比較起來，項楚和《唐五代語言詞典》的解釋更有道理，他們認為「碗鳴聲」指可厭惡之事物，無疑是正確的，這有大量的禪宗文獻材料可資證明，

〔註46〕江藍生、曹廣順：《唐五代語言詞典》，上海教育出版社，1997年，第60頁。《唐五代語言詞典》釋曰：「碗鳴聲：鬼取物之聲。蓋鬼取食物不見其形，唯聞碗磕碰聲。泛指惡聲，又引申指討厭之物，鬼東西。」

〔註47〕劉瑞明：《禪籍詞語校釋的再討論》，《俗語言研究》，1996年第3輯，第152～164頁。劉瑞明依據唐楊筊兒《答小子弟》：「黃口小兒口莫憑，逡巡看取第三名。孝廉持水添瓶子，莫向街頭亂碗鳴。」中的「孝廉持水添瓶子」一句斷定：「『碗鳴』也就是『瓶鳴』，也就是『半瓶子咣當』。」

〔註48〕鐵崖道空：《臨濟錄撮要鈔》，東京：花園大學國際禪學研究所藏，1691年，第38頁。

〔註49〕耕雲子：《臨濟錄摘葉抄》，東京：花園大學國際禪學研究所藏，1698年，第26頁。

〔註50〕無名氏：《臨濟錄鈔》，東京：花園大學國際禪學研究所藏，1630年，第24頁。

〔註51〕古帆周信：《臨濟錄密參請益錄》，東京：花園大學國際禪學研究所藏寫本。

〔註52〕無名氏：《臨濟錄夾山鈔》，東京：花園大學國際禪學研究所藏，1654年，第26頁。

〔註53〕萬安英種：《臨濟錄萬安抄》，東京：花園大學國際禪學研究藏，1632年，第47頁。

〔註54〕桂洲道倫、湛堂令椿撰，芳澤勝弘編注：《諸錄俗語解》，禪文化研究所，1999年，第10頁。

而且「碗鳴聲」在唐宋禪錄是個高頻詞，從其多與「屎沸」連用也可以證明（屎即肛門，《廣韻》：「脎，尾下竅也。或作屎，俗作屄。」）〔註55〕。唯一感到遺憾的是，項楚沒有文獻確證「碗鳴聲」來源於「鬼物之聲」。所以「碗鳴聲」如何引申出「可厭惡之事物」還有待進一步的證明。

下面的引文似乎能給我們提供一些線索：

（6）或大語高聲，出言無度；不敬上中下座，婆羅門聚會無殊；碗缽作聲，食畢先起；去就乖角，僧體全無；起坐怱諸，動他心念。不存些些軌則、小小威儀，將何束斂後昆？（《禪門諸祖師偈頌·溈山大圓禪師警策》，據《續藏經》66 冊）

這是唐代溈仰宗初祖溈山靈祐禪師（771～853 年）在《溈山警策》提到的禪林「軌則」或「威儀」，其中就有重要的一條：不能「碗缽作聲」。個中原因，宋僧釋守遂《溈山警策注》有解釋：

（7）椀是唐言，缽是梵語，具云缽多羅。此方云應量器。若作聲則餓鬼咽中火起。（《溈山警策注》，據《續藏經》63 冊）

原來「碗缽作聲」會使「餓鬼咽中火起」，從而招來餓鬼。明釋道霈的對《溈山警策》的注釋還有進一步解釋：

（8）碗缽作聲者，不念餓鬼苦也。食畢先起者，忽大眾也。（《佛祖三經指南·溈山警策指南》卷下，據《續藏經》37 冊）

「碗缽作聲」招來餓鬼，這是不顧念餓鬼的苦處的表現。清初書玉大師《沙彌要略述義》有更為詳細的解釋。他對明代蓮池大師著《沙彌律儀要略》中的「餓鬼聞碗缽聲，則咽中火起，故午食尚宜寂靜，況過午乎」釋曰：

（9）餓鬼者，饑渴所逼曰餓，希求名鬼，謂彼餓鬼。恒從他人希求飲食，以活性命。由昔慳貪，不行佈施，故墮餓鬼中。咽小如針，腹大如鼓，常為饑渴所逼也。世尊在祇桓精舍，定中遙見地獄餓鬼咽中火起，遍鐵圍城。問知其故，謂人間碗缽作聲。故佛大慈，誡諸弟子，凡於食時，應當寂靜，不得碗缽作聲也。然午前尚宜寂靜，況午後正當鬼食之時，豈忍碗缽作聲。而令彼等聞聲火起，受

---

〔註55〕唐宋禪錄中，「碗鳴聲」多與「屎沸」連用，如《如淨和尚語錄》卷下：「況復今日更來者裏，胡喝亂喝，是甚麼屎沸椀鳴聲？」又如《五燈會元》卷五：「問：『一切聲是佛聲，是不？』師曰：『是。』曰：『和尚莫屎沸盌鳴聲。』」劉瑞明認為，「屎沸」即「放屁」，是對無價值的議論的否定、輕蔑。

燒然之苦邪。蓋餓鬼因中，侵奪眾食，以自活命。令眾饑惱，謂在碗缽上造業故，即於碗缽上受報也。（《沙彌律儀要略述義》卷上，據《續藏經》60冊）

餓鬼「咽細如針，腹大如鼓」，永遠都吃不飽。聽到「碗缽作聲」就「咽中火起」，就得忍受「燒然之苦」。佛家慈悲為懷，當然不容忍「碗缽作聲」而招來餓鬼，所以將其當作惡聲或可厭惡的事情而嚴加禁止。

「碗缽作聲」會招來餓鬼，這種思想來源頗早，東晉人譯的佛經裏已經有「側缽括取飯」以防發聲的戒律了。因為當時的翻譯趨於簡單，我們不妨結合後人的注解來看：

（10）問：「比丘食飯欲盡，得側缽括取飯不？」答：「得。」（《佛說目連問戒律中五百輕重事經》卷下，據《大正藏》24冊）

（11）問：「（若）比丘食飯欲盡，得側缽括取飯不？」答：「得（比丘持缽，當宜平正。食盡側括，恐失威儀，故問。佛言不妨，故云得。律中但不得作聲，令餓鬼咽中火起，慎之，猶當細行——《持缽可離問》第五。（《佛說目連問戒律中五百輕重事經略解》卷下，據《續藏經》44冊）

只要不「碗缽作聲」，食盡側括，失點威儀，佛家也是允許的，可見佛家對「碗缽作聲」是多麼的反感。

中國民間至今仍有不准小孩吃飯敲碗的習俗，特別是在夜晚敲碗，更是不能容忍的。受佛教影響的其他民族也有類似習俗。如黎族人就不准用筷子敲碗，認為稍有違反，鬼便會溜進家闖禍〔註56〕。日本人吃飯時禁忌敲飯碗，他們認為敲碗聲會招來餓鬼〔註57〕。

所以，「碗鳴聲」極有可能就源於佛教禪規裏的「碗缽作聲」，因為「碗缽作聲」會招來餓鬼，所以引申指可厭惡的事物。至於為何只用「碗鳴聲」而不用「缽鳴聲」，原因也很簡單：「缽」「碗」無別，但「缽」是譯音，碗是華語，碗更常用。《溈山警策注》說：「椀是唐言，缽是梵語，具云缽多羅。此方云應量器。」（據《續藏經》63冊）又《盂蘭盆經折中疏科》云：「盆即是器，器即是盆，華梵義一，不必紛更，如東土用碗，西域用缽，或盆，或盞，但可盛食，以供三寶者，即是耳。」（據《續藏經》63冊）

---

〔註56〕馬昌儀：《中國靈魂信仰》，上海文藝出版社，2000年，第98頁。
〔註57〕李振灣、王樹英：《外國風俗事典》，四川辭書出版社，1989年，第118頁。

以下二例都出自《林野奇禪師語錄》,恐可以算是「碗鳴聲」源於「碗缽作聲」更顯豁的證據:

(12)如未明得,等閒拈匙把箸,切忌熱碗鳴聲。(卷一,據《嘉興大藏經》26冊)

(13)如未委悉,二時吃粥吃飯,切忌碗缽作聲。(卷一,據《嘉興大藏經》26冊)

## 六、攢簇不得底病

唐宋禪錄中常見「攢簇不得底病」,這到底指什麼病?只有弄清「攢簇」的意思,才能迎刃而解。《大漢和辭典》(1986)〔註58〕、《中文大辭典》(1974)〔註59〕、《辭源》(1980)〔註60〕都舉有此例,並釋為「聚集」或類似的意思,但「聚集不能的病」仍不好理解。蔣宗福、李海霞(1997)〔註61〕、顧宏義(2010)〔註62〕都譯為「攢簇不得的病」,只把「底」改成「的」,顧宏義也有注「攢簇」為「聚集」義。李豔琴、郭淑偉、嚴紅彥(2011)認為:「『攢簇』的意思就是『攢眉、皺眉』,愁苦的樣子,喻指修行路上兢兢的求索。此義與世俗文獻中的『攢聚、簇擁』的意思差別很大。」〔註63〕此解釋似乎沒什麼根據,而且「攢眉不得底病」也仍不知所云。王閏吉(2012)釋「攢簇不得底病」:「猶言不治之症,即聚集所有的名醫或靈丹妙藥都無法治好的病。」〔註64〕此說看似合理,但也依據不足。

日本龍光院藏寫本《五燈拔萃》所引曰:「攢簇不得底病:山云:『此說不得。』」似乎一山一寧也解釋不了。《五燈拔萃》還有解釋說:「又曰攢聚不得也。謂佛病祖病,禪病法病,一切有情四百四病等也。又曰按排不得之意

---

〔註58〕諸橋轍次:《大漢和辭典》(修訂版卷五),日本東京:大修館書店,1986年,第451頁。

〔註59〕中文大辭典編纂委員會編:《中文大辭典》,臺灣:中國文化研究所,1974年,第25冊6054頁。

〔註60〕商務印書館編輯部編:《辭源》(第2冊),商務印書館,1980年,第1330頁。

〔註61〕(宋)普濟輯,蔣宗福、李海霞譯:《〈五燈會元〉白話全譯》(上冊),西南師範大學出版社,1997年,第148頁。

〔註62〕(北宋)道原著,顧宏義譯注:《〈景德傳燈錄〉譯注》(第四冊),上海書店出版社,2010年,第403頁。

〔註63〕李豔琴、郭淑偉、嚴紅彥校讀:《〈祖堂集〉〈五燈會元〉校讀》,巴蜀書社,2011年,第126頁。

〔註64〕王閏吉:《〈祖堂集〉語言問題研究》,中國社會科學出版社,2012年,第370頁。

也。或曰就治方之詞，言攢簇多種靈方，以治之不得也。」跟我們現在釋「攢簇」為「聚集」義大同小異，仍需斟酌。

「攢簇不得底病」只見於禪錄，世俗文獻不見。最早出現在《祖堂集》卷一四《茗溪和尚》章，如：

> （1）師有時云：「吾有大病，非世所醫。」有人問先曹山：「古人有言『吾有大病，非世所醫』，未審喚作什摩病？」曹山云：「攢簇不得底病。」僧云：「一切眾生，還有此病也無？」曹山云：「人人盡有。」僧云：「一切眾生，為什摩不病？」山云：「眾生若病，則非眾生。」僧云：「和尚還有此病也無？」山云：「正覓起處不可得。」僧云：「未審諸佛還有此病也無？」山云：「有。」進曰：「既有，為什摩不病？」山云：「為伊惺惺。」（《祖堂集》卷一四，《大藏經補編》25 冊）

這裏提示這個病的幾個關鍵字，一是「非世所醫」，二是「人人盡有」，三是「為伊惺惺」。第一個特徵「非世所醫」，是指塵世間沒有辦法治療的，其他禪錄也有提及，如：

> （2）師云：「紅絲脈斷，藥病俱亡。服藥忘了口來，診脈忘了手來。所謂攢簇不得底病，華陀拱手，扁鵲攢眉。道有，通身無影像；道無，遍界不曾藏。」（《萬松老人評唱天童覺和尚頌古從容庵錄》卷六，《大正藏》48 冊）

> （3）侍者醫士至上堂。一十八年，紙襖上抄來底，好個陳年藥方。若是攢簇不得底病，總用不著。（《了堂惟一禪師語錄》卷一，《續藏經》71 冊）

> （4）攢簇不得底病，咬咀不及之藥。志源侍者，惟己自知。舉世良醫，不知落著。源侍者自知底都拈卻，把火入牛欄，一著高一著。（《石溪心月禪師語錄》卷三，3《續藏經》71 冊）

> （5）曹山攢簇不得底病，盧醫難以施其巧。山僧自出母胎，四百四病，悉皆嘗遍，世醫亦為之拱手。（《希叟紹曇禪師廣錄》卷一，《續藏經》70 冊）

這大概就是「不治之症」「聚集所有的名醫都無法治好的病」「攢簇多種靈方，以治之不得」的釋義來源。但這僅符合其中一個特徵，難免有以偏概全之嫌。

第二個特徵「人人盡有」，不但說佛祖僧以及普通人皆有，而且也說是各種各樣的病。其他禪錄也有提及，如：

（6）寶曇曰：「吾有大病，非世所醫，此佛祖之病也；攢簇不得底，是曹山之病也；正覓起處不得，是衲僧之病也；人人盡有，是凡夫之病也。均是病也。」（《大光明藏》卷一，《續藏經》79冊）

（7）病乃眾生之良藥。所以佛病，眾生病；眾生病，佛病。咄！喚什麼作病？若會得此病根源不獨覓他起處不得，亦非攢簇不得底，說甚三百六十骨節，八萬四千毛竅，通身是，遍身是，直得絕後再甦出一身白汗，始得自在，方可津濟四生，梯航九有。（《介菴進禪師語錄》卷三，《嘉興藏》29冊）

（8）上堂：「無上醫王，善開我心，是則是，病不投方。雲峰診得汝等本元耗散，如今要應方驗疾，佛病祖病，攢簇不得的四百四種膏肓病，彈指曰百雜碎了也。若向含元殿裏彈鵲，繫定驢橛子，弄髑髏殼，我即針汝灸。汝好好上來修事著，瘥病不假驢馱藥，也不錯，千年故紙好合錯。」（《頻吉祥禪師語錄》卷一，《嘉興藏》39冊）

這大概就是「謂佛病祖病，禪病法病，一切有情四百四病等也」釋義的來源，雖也概括了其中一個方面的特徵，仍有失偏頗。

第三個特徵「為伊惺惺」，是說對「有病」與「不病」認識。例（1）一方面說病「人人盡有」，另一方面又說人人「不病」，這看似矛盾的對立面裏，洩露了一些玄機。我們不妨結合一則比較詳盡的解釋來分析，如：

（9）這僧又問：「一切眾生，還有此病也無？」山云：「有。」僧云：「既有，因什麼不病？」山云：「眾生若病，即非眾生。」這僧也會推究，又問曹山：「和尚還有此病也無？」山云：「老僧正覓起處不得。」不妨險峻，這一句子難道，非曹山如何啟口？雖然正覓起處不得，諸方具正知正見者，其護惜珍育，為出世妙訣，不肯容易發露與人。若向薦福門下，正是大病。謂之貼肉汗衫，謂之解脫深坑，又謂之死水，又謂之墨汁，又謂之明白。你諸人若病到覓起處不得，但來問薦福，當為顯示。諸方奈何你不得，何故？蓋正坐此病。這僧又問：「一切諸佛，還有此病也無？」山云：「有。」

僧云：「因什麼不病？」山云：「為伊惺惺。」此老人，是曹洞正傳，
有回互傍參不犯底手段，臨機八面，得大自在，豈守窠臼，瞎學者
眼？諸道流！既來此間相聚，二六時中，急著精彩，時不待人。儒
者尚云：「朝聞道，夕死可矣。」況衲子乎？（《續古尊宿語要》卷
四，《續藏經》68 冊）

這也許就是「按排不得」的釋義來源，其實這與「安排」無關，是認識問
題、覺悟問題。眾生不病，是因為「眾生」尚未覺悟，不知自身之病；諸佛不
病，「為伊惺惺」，因為他清醒，已經覺悟，「得大自在」，解脫了病痛之苦。這
也是這段文字寄予參學者的希望：時不我待，奮發努力，早點覺悟，擺脫痛
苦，得大自在。

「攢簇不得底病」，雖「非世所醫」，但並非不能醫，而且很好醫治，如：

（10）僧云：「只如攢簇不得底病，如何療治？」師云：「不消
報恩一劑。」（《浮石禪師語錄》卷七，《嘉興藏》26 冊）

世俗的醫治方法，扁鵲華佗無能為力，佛家的方法倒很簡單，「不消報恩
一劑」，用一劑報恩藥，還嫌多餘。《佛光大辭典》「報恩」條說：「關於報恩之
行，孝子經以能令父母去惡為善、皈依三寶，奉持五戒、處世常安、壽終之後
生於天上等為報恩之行；若僅滿足父母口腹耳目之需，甚至兩肩荷負之，周
遊於四海，亦非孝子之行。蓋經中多以利他教化為報恩行，佈施、供養、讀
經、起塔、造像等亦是報恩行。」〔註65〕也就是說只要真心真意地修行，就
能療治「攢簇不得底病」。在禪錄中有進一步的解說，如：

（11）現古人攢簇不得底病，直教千聖覓起處不見，諸佛眾生
皆有是病。諸佛若病即非眾生，眾生若病即非諸佛，是故以眾生病，
故示有此疾。由茲王舍城人，各各稟頂上光，悉來問病，而是大士
隨求顯示，令其萬仞壁立，以至眾生病盡，大解脫士亦安。既安之
後，有大檀越，作大法施，建大法幢，演大法義，雨大法雨，一一
交羅，重重無盡。正當恁麼時，應時應節一句，作麼生道，還委悉
麼？靈苗增秀氣，瑞草發祥光。復成一偈：示病維摩元不病，問疾
文殊初不來。建大法幢啟大施，頓令千眼一時開。（《圓悟佛果禪師
語錄》卷五，《大正藏》47 冊）

<hr>

〔註65〕星雲大師監修，慈怡主編：《佛光大辭典》，北京圖書館出版社，2004 年，第
4921 頁。

是大士「令其萬仞壁立」就可「眾生病盡」；文末偈語「建大法幢啟大施，頓令千眼一時開」直接點明療治眾生「攢簇不得底病」之法。再如：

> （12）古者道：「吾有大病，非世所醫。」僧後問曹山：「未審是什麼病？」山云：「攢簇不得底病。」僧云：「未審一切眾生還有此病也無？」山云：「眾生若病，即非眾生。」僧云：「只如和尚還有麼？」山云：「正覓起處不得。」大眾，此病即非世所醫，須要本分作家以金剛錐與他頂上一劄，正覓起處不得也，與一服直教祖病佛病、玄妙之病、機緣境界，悉灑灑落落，脫然解脫。不住解脫機，到這裏羅籠不肯住，呼喚不回頭，古聖不安排，至今無處所。只這無處所，早是處所了也，直須千峰萬峰那邊承當得去好，等閒拈一機、舉一句，盡與人抽釘拔楔、解黏去縛，更說什麼直指人心，更覓什麼見性成佛，正當恁麼時如何？不假纖毫力，碎佛祖窠窟。（《圓悟佛果禪師語錄》卷五，《大正藏》47 冊）

自心是佛，一切具足，因而覓著轉遠，求之轉乖，無需特意去尋求；只要明見自心，絕無依倚，便會倏然病癒。治好了這個病，就能超脫生死，得大自在，如：

> （13）若踏著攢簇不得底病，便有超生離死之由。（《續古尊宿語要》卷四，《續藏經》68 冊）

> （14）南石琇禪師上堂：「釋迦老子從兜率天上，托生大術胎中，早是染卻生死重病。及乎降生，便乃一手指天，一手指地，可見攢簇不得底。迨見明星出現，豁然悟道。（《列祖提綱錄》卷五，《續藏經》64 冊）

通過以上分析，我們大致明白了「攢簇不得底病」是一種什麼病。我們認為，這應該是指「人人盡有」「非世所醫」的人生苦難煩惱。佛說人生有八苦，即「生苦、老苦、病苦、死苦、愛別離苦、怨憎會苦、求不得苦、五陰熾盛苦」。人類有如此多的煩惱、痛苦、不安，只有潛心修行，貼近自心，清除煩惱，才會無病無欲，無痛無苦，超脫生死，自由自在。

那麼，「攢簇不得」怎麼會有煩惱、痛苦、不安的意思？這應該來源於道教，如：

> （15）攢簇周天，大數以合年月日時，隨順陰陽，抽添水火，使龍精漸垂於鼎內，金液流暢於胎中，火候周天，數金丹最要機，

年中隨月變，日內遂時移。四計如同處，三神似有知，火金真祕訣，此外更何施。（佚名《古文龍虎經》）

（16）世人雖留心大道，多不知年象月亦象，唯日時是訣，攢簇陰陽，通於造化至理也。（唐·張太空《玄和子十二月卦金訣》）

（17）聖人奪得造化意，手搏日月安爐裏。微微勝倒天地精，攢簇陰陽走神鬼。（唐·張君房《雲笈七籤》）

（18）盜天地，奪造化。攢五行，會八卦。（唐·崔希範《崔公入藥鏡》）

（19）攢簇五行，合和四象。（宋·張伯端《悟真篇》）

道教很早就有「攢簇」這樣的概念。例（15）《古文龍虎經》，許多丹家認為此書是先於東漢魏伯陽《周易參同契》的最古之丹經。「攢簇」是道家修煉的術語，即聚集陰陽五行（金、木、水、火、土），亦即融合五臟之真氣（精、神、魂、魄、意），合而為一。使人不視、不聽、不言、不聞、不動，五氣朝元，達到一種無欲無我的修煉境界。中國佛教似乎也借鑒了這種修行方法，以達到集中精神、消除煩惱的目的，如：

（20）有一等人，要修禪定。眼觀鼻，鼻觀心，心觀意，意觀神，五行攢簇，四大本空，纖毫念不起，恐落無記頑空。故云：「參達不透，依舊是病。」（《金剛經注解鐵錂鋧》卷二，《續藏經》24冊）

（21）此身不過五行攢簇而成，四大合併而有……既合成矣，眾生不悟非堅，確然執之為身。故臨死生之際，處利害關頭，心神恍惚，千算萬計，不過要保全此個軀殼子。（《紫柏尊者全集》卷一二，《續藏經》73冊）

所以「攢簇不得」就是不能集中精神、不能克服不安、不能消除煩惱，往大的說，就是不能擺脫人生苦痛、不能超越生死。「攢簇不得」單用時，在禪錄中可以看出更明顯的跡象，如：

（22）病起上堂：「山僧前日通身是病，晝夜攢簇不得。」何嘗四百四病？正當病時，病亦是病，藥亦是病，那知更有個不病者？（《三峰藏和尚語錄》卷二，《嘉興藏》34冊）

（23）所以道：「不是心，不是佛，不是物。」日面月面，攢簇不得，雲門露乾屎橛，等閒覷透。誠不惑，赤灑灑，莫可把，

天地一指，萬物一馬。(《雪竇石奇禪師語錄》卷二，《嘉興藏》26
冊)

（24）有以病為藥，攢簇不得；或有以藥為病，截斷舌根；藥
病兩忘，無人識得。(《大悲妙雲禪師語錄》卷二，《嘉興藏》38 冊)

（25）上堂，舉：馬祖一日不安，院主問：「和尚尊候如何？」
祖曰：「日面佛，月面佛。」師曰：「大師到這時節，不悉為南嶽入
室真子，但可惜攢簇不得，猶是露頭露尾。雖則光前絕後，爭免使
腳下兒孫，向虛空裏東覷西覷。若是西林，肯留個影子到你。今日
設有問和尚尊候如何，但向他道，後五日看。」(《五燈全書》卷八
四，《續藏經》82 冊)

（26）更喜入門一著，居士即以莆田為福田，使一切人落在第
二，尤屬快舉。但妙師慣用借句，明公竟致平日膏肓，攢簇不得。
(《雲林寺續志》卷四，《中國佛寺史志彙刊》25 冊)

綜上所述，我們可以得出結論：「攢簇」來自道家修煉的術語，即聚集精、
神、魂、魄、意等五臟之真氣，合而為一，達到無我的修煉境界。中國佛教亦
借鑒了這種修行方法，以便靜下心來、排除雜念、消除煩惱。「攢簇不得」就
是不能集中精神、不能克服不安、不能消除煩惱。「攢簇不得底病」就是這種
不能超越生死的人生苦痛。也只有這種病，才完全符合「攢簇不得底病」的
「非世所醫」「人人盡有」「為伊惺惺」三大特徵。

# 七、忍俊不禁

「忍俊不禁」恐怕的確是最難以說清楚源流的成語之一。成語詞典一般
都將「忍俊」解釋為「含笑」，如《漢語常用成語手冊》〔註66〕《實用成語詞
典》〔註67〕《漢語成語小詞典》〔註68〕《漢語成語詞典》〔註69〕《中華成語
詞典》〔註70〕等，但「忍」無「含」義，「俊」也無「笑」義，真不知這樣的
解釋怎麼來的。雷漢卿、王長林以禪宗文獻為中心，指出「忍俊不禁」是難以

---

〔註66〕魯歌等：《漢語常用成語手冊》，內蒙古人民出版社，1978 年，第 368 頁。
〔註67〕常曉帆：《實用成語詞典》，知識出版社，1984 年，第 359 頁。
〔註68〕商務印書館修訂：《漢語成語小詞典》，商務印書館，2001 年，第 257 頁。
〔註69〕《漢語成語詞典》編寫組：《漢語成語詞典》，中共中央黨校出版社，2002 年，
第 543 頁。
〔註70〕中華書局編輯部：《中華成語詞典》，中華書局，2004 年，第 478 頁。

克制、忍不住的意思，並不是「忍不住笑」的意思〔註71〕。之後雷漢卿、李家傲發表《「忍俊不禁」考辨》（以下簡稱「《辨》文」）做了修正，認為「忍俊不禁」是「抑忍不住出眾絕異的姿容、才智等能力，不得已展現出來，對此情況發表不同的見解、施行超常的行為」，並指出「『忍俊不禁』單獨表示『忍不住笑』義較早見於清代中後期至民國初期」〔註72〕。我們十分欽佩《辨》文作者對難解俗語不懈探索的精神，但依然有些疑問，如「出眾絕異的姿容」「才智等能力」是否存在「抑忍」問題，是否像情緒、本能、欲望或衝動那樣可以「抑忍」？即便《辨》文作者想表達的是抑忍不住展現自己才智的欲望，這也與唐宋禪宗文獻語言事實不相符合，大量的語言事實表明，忍俊不禁，忍不住的是好奇心、好勝心、抵觸情緒、怒氣、傻氣、呆氣、多嘴多舌、慈悲心、憐憫心、報復心、同情心、心中的不平、嚴肅的表情等本能活動。還有《辨》文追溯來源的關鍵例證時代太晚，句子意思的理解也有問題。所以我們不揣淺陋，另尋新解，以受教於方家及《辨》文作者。

首先，「忍俊不禁」忍不住的是本能。

「忍俊不禁」並非專指忍不住笑，這是中肯的，但也並非專指忍不住表現才智的欲望。如：

（1）上堂云：「山僧昨日入城，見一棚傀儡，不免近前看，或見端嚴奇特，或見醜陋不堪，動轉行坐，青黃赤白，一一見了。子細看時，元來青布幔裏有人。山僧忍俊不禁，乃問長史高姓。他道，老和尚看便休，問什麼姓？大眾，山僧被他一句，直得無言可對，無理可伸。還有人為山僧道得麼？昨日那裏落節，今日者裏拔本。」（宋《法演禪師語錄》卷一，據《大正藏》47冊）

（2）明招道得也太奇特，爭奈未有挐雲攫霧底爪牙。雪竇傍不肯，忍俊不禁，代他出氣。（宋《佛果圓悟禪師碧岩錄》卷五，據《大正藏》第48冊）

（3）溈山深入虎穴，更問田中多少人？仰山插鍬子，叉手而立，便衲僧相見。玄沙云：「我當時若見，便與踏倒鍬子。」萬松道：

---

〔註71〕雷漢卿、王長林：《禪宗文獻語言論考》，上海教育出版社，2018年，第242頁。

〔註72〕雷漢卿、李家傲 ：《「忍俊不禁」考辨》，《古漢語研究》，2019年第3期，第97～102頁。

「忍俊不禁。」（《萬松老人評唱天童覺和尚頌古從容庵錄》卷一，據《大正藏》第 48 冊）

（4）似此說話，可謂對諸公面前，無夢說夢，無事生事。忽有個忍俊不禁出來，喝散大眾，拽下繩床，痛打一頓，也怪他不得。（宋《圓悟佛果禪師語錄》卷八，據《大正藏》47 冊）

（5）有云，臨濟為他致見洛浦如此。殊不知神方秘訣，父子不傳。自是洛浦承當處莽鹵，雪竇忍俊不禁，為他臨濟雪屈。（宋《佛果擊節錄》卷二，據《續藏經》67 冊）

（6）不見道，起初不遇作家，到底翻成骨董。所以天寧聘不唧留，忍俊不禁，向石頭上栽花，虛空裏釘楔。（宋《林泉老人評唱丹霞淳禪師頌古虛堂集》卷六，據《續藏經》67 冊）

（7）雪峰云：「飯籮邊坐餓死人，臨河渴死漢。」玄沙云：「飯籮裏坐餓死漢，水裏沒頭浸渴死漢。」雲門云：「通身是飯，通身是水。」妙喜舉了喝云：「多嘴阿師！可殺忍俊不禁！通身是飯，通身是水，那裏得遮消息來。」（宋《正法眼藏》卷一，據《續藏經》67 冊）

（8）又示眾云：「箌！久雨不晴。直得五老峰頭黑雲靉靆。洞庭湖裏白浪滔天。雲門大師忍俊不禁，向佛殿裏燒香，三門頭合掌，禱祝呪願：願黃梅石女生兒，子母團圓；少室無角鐵牛，常甘水草。」（宋《正法眼藏》卷三，據《續藏經》67 冊）

（9）佛海云：「欽山吃德山痛棒，恩怨不分。今日侍者到來，如何祇麼放過？山僧忍俊不禁，為他索取一頓。」拈起拄杖，又靠云：「休！休！未有涅槃堂在。」（宋《拈八方珠玉集》卷二，據《續藏經》67 冊）

（10）多少明眼衲僧，髑髏被渠穿過。山僧忍俊不禁，為諸人露個消息。（《嘉泰普燈錄》卷二六，據《續藏經》79 冊）

（11）雪竇老人，放去收來，有舒慘乾坤之手。然雖如是，何似乾坤收不得，堯舜不知名。法華忍俊不禁，當為古人出氣。（宋《續古尊宿語要》卷三，據《續藏經》68 冊）

（12）僧問：「飲光正見，為甚麼見拈花卻微笑？」師曰：「忍俊不禁。」（《五燈會元》卷一二，據《續藏經》80 冊）

例（1）是沒忍住好奇心，因仔細看時才發現青布幔裏有人，故好奇一問；例（2）是沒忍住好勝心，雪竇見明招表現雖好，但還沒達到最好，於是代他發洩徹底；例（3）是沒忍住牴觸的情緒，玄沙看不慣仰山「插鍬子，叉手而立」的做法，故心生反感而要踏倒鍬子；例（4）是沒忍住怒氣，可能是痛恨那樣「無夢說夢，無事生事」的做法，所以怒不可遏，「喝散大眾，拽下繩床，痛打一頓」；例（5）是沒忍住不滿情緒，見對臨濟不公，故為「臨濟雪屈」；例（6）是沒忍住傻氣、呆氣，故做出不正常行為舉止；例（7）是沒忍住多嘴多舌，故被罵「多嘴阿師」；例（8）是沒忍住慈悲心、憐憫心，故見「久雨不晴」而「燒香」「合掌」「禱祝呪願」；例（9）是沒忍住報復心，「欽山吃德山痛棒」，德山的侍者來了，都不肯放過；例（10）是沒忍住同情心，「多少明眼衲僧」，費盡心思，都解決不了，所以心生同情而「露個消息」；例（11）是沒忍住心中的不平，「為古人出氣」，這就是「法華忍俊不禁」，在宋《五燈會元》卷一九（《續藏經》80 冊）、《正法眼藏》卷二（《續藏經》67 冊）、宋《白雲守端禪師語錄》卷一（《續藏經》69 冊）等處，之所以都用「圓通（與法華同一人）路見不平」來表示；例（12）是沒忍住嚴肅的表情，所以破顏微笑。以上都很難算是忍不住想展現才智的欲望，特別是例（6）用「不唧留」一語表達得很清楚，「不唧留」或作「不唧溜」「不唧嚠」，唐宋俗語，不聰明、不機靈的意思，又怎麼可能是才智？

「忍俊不禁」在《五燈會元》裏出現了四次，但《五燈拔萃》沒有釋義。日本江戶時代無著道忠（1653～1745：367）在《虛堂錄犁耕》中解釋說：「忍俊不禁者，俗語不得自堪忍也。逸堂曰：毛馱慧賀怒留。」在《葛藤語箋》中解釋說：「逸堂曰：毛馱惠加奴留。」（488）逸堂所說的「毛馱慧賀怒留」或「毛馱惠加奴留」，是使用漢字的讀音標記日語固有詞彙，意思是「忍不住，難以忍耐」。看來逸堂和無著道忠的解釋是準確的。我們現在的詞典只解釋為「忍不住笑」，缺乏對古代大量例句的分析。

我們上面所舉的例句都是宋代的，元明時期也是如此，如：

（13）大溈喆云：「王大尉大似相如奪璧，怒髮衝冠。明招也是忍俊不禁，難逢快便。大溈若做朗上座，當時見問，但呵呵大笑，何故？見之不取，千載難追。」（《禪林類聚》卷一八，據《續藏經》47 冊）

（14）老胡三更失卻牛，天明起來拾得馬。從茲要騎即便騎，到處要下即便下。佛殿上螞吻，忍俊不禁，肆口說禪。（《了菴清欲禪師語錄》卷二，據《續藏經》71 冊）

（15）老僧又見潭吉，只空說不悟；指參大愚，而自未曾悟。故不能指臨濟所以悟之之意。老僧忍俊不禁，索性道破。（《闢妄救略說》卷五，據《續藏經》65 冊）

例（13）是沒忍住怒氣，例（14）是沒忍住路見不平的怨氣，例（15）是沒忍住禪宗「說破」的禁忌等。

清代的「忍俊不禁」的例子也多如此，如：

（16）忍諸難於已然之後，不若杜諸難於未然之先。所以文殊忍俊不禁，請問世尊，於惡世中，云何能說此經，謂得何法，而遠離一切諸難事也。（《法華經大成》卷一，據《續藏經》32 冊）

（17）雲溪抑不得已，塗汙古人，不免胡亂一上。好個世尊著衣持鉢，面目宛然，不起於座說法已竟。當時空生出眾，大展坐具，作禮三拜急請。諸人著眼，豈不快便難逢？可惜許忍俊不禁多口，道個稀有稀有。且道如何是他稀有處？（《閱經十二種》卷九，據《續藏經》37 冊）

（18）每逢夏日禁足安居，一千五百修寂滅定，大似虛空釘橛。法慶忍俊不禁，欲為諸方拔去此橛。叵耐旋拔旋釘，旋釘旋拔，勞而無功，眾寡不敵。（《天岸升禪師語錄》卷一〇，據《嘉興藏》26 冊）

例（16）是文殊沒忍住疑慮，請教世尊應；例（17）是沒忍住多嘴，「道個稀有稀有」；例（18）是沒忍住幫人，「為諸方拔去此橛」。

「忍俊不禁」，又作「不忍俊」「難忍俊」「忍俊弗禁」「難禁忍俊」「不禁忍俊」「不能忍俊」「忍俊實難禁」「忍俊莫禁」「忍俊不勝」等等，不一一例舉。「俊」或作「雋」，如：

（19）迎涼窗槅太輕空，半掩蘋池尚怯風。獨有忍冬難忍雋，時吹清馥透簾櫳。（清黃鉞《壹齋集》卷二〇《病中雜詩》之三 ）

（20）日光閃爍四時雪，風力盤旋萬朵雲。卻笑山靈難忍雋，故將文石葱樵斤。（清王文治《夢樓詩集》卷九《點蒼山二首》之二 ）

這兩例是《辨》文所引，例（19）「獨有忍冬難忍雋」是說只有忍冬花沒忍住散發芳香；例（20）是說山神沒忍住神力。

　　才智與本能不同：才智是後天獲得的，並非人人皆有；本能是指人類與生俱來的，人人都具有的。才智是逐漸表現出來的，本能是突然爆發出來的。所以，才智不存在忍住或忍不住的問題，本能才需要克制和忍耐。以上例句中，忍不住的好奇心、好勝心、抵觸情緒、怒氣、傻氣、呆氣、多嘴多舌、慈悲心、憐憫心、報復心、同情心、心中的不平、嚴肅的表情、怨氣、禁忌、神力、散發氣味等屬於本能。所以「忍俊不禁」，忍不住是本能。

　　其次，「忍俊」也不是「忍俊不禁」的省略。

　　從字面上，「忍俊」應該與「忍俊不禁」意思相反。《辨》文以及現在的諸多詞典都視「忍俊」為「忍俊不禁」的省略，並表達同樣的意思，這也是無視古代諸多語言事實，有失偏頗。如：

　　　　（21）憐它梅柳，乍忍俊天街酥雨。待過了一月燈期，日日醉扶歸去。（宋・史達祖《東風第一枝》其二）

　　　　（22）僧問：「衲僧忍俊多時，老師將舉竹篦。俊鶻遼天呈羽翮，金毛出窟振全威。誰知未舉先明得已落他家第二機，未審如何領略，稱得全提？」師以拂子擊禪床云：「一擊忘所知。」（宋《大慧普覺禪師普說》卷三，據《卍正藏經》59 冊）

　　　　（23）無端黃面老漢拈花瞬目，金色頭陀忍俊脫頤，不覺漏泄，一人傳虛，萬人傳實，何時而已哉？（宋《古尊宿語錄》卷一，據《續藏經》68 冊）

　　　　（24）忍俊至鼻裏出氣者，明活用也。（高麗（918～1392）《禪門拈頌拈頌說話會本》卷五，據《韓國佛教全書》）

　　　　（25）忍俊還他烈丈夫，不須龍女獻明珠。（日本僧特芳禪傑（1419～1506）撰、宗怡重編《西源特芳和尚語錄》卷二，據《大正藏》81 冊）

　　　　（26）巧以茅為舍，疏將竹作籬。湖光樓半幅，秀色繞雙眉。杖峭風前倚，人奇天上窺。潛形須忍俊，發笑莫驚時。（明《天界覺浪盛禪師全錄》卷一八，據《嘉興藏》34 冊）

　　　　（27）霜藤忍俊自相扶，勾引春風啼鷓鴣。（明《天界覺浪盛禪師語錄》卷一一，據《嘉興藏》25 冊）

　　　　（28）天下富貴貧賤，務本安生，各正性命，則萬世無弊之道也。管仲曰：「各用所長，使民不爭」蘇軾曰：「材辯勇力齊之以學。」

譚峭曰：「大人之幾，鬼神莫窺。」忍俊讓讓，亦不得已。（明《天界覺浪盛禪師全錄》卷二〇，據《嘉興藏》34冊）

（29）鐫石刊木，僅屬夢珠碑刻之外，無一可奏者，豈其人人忍俊？實亦無俊可忍。（明‧虞淳熙《與劉石閭中丞》，據《虞德園先生集》明末刻本）

（30）余既不能破鏡，復為忍俊效顰？明眼觀之，寧不絕倒？（明《即非禪師全錄》卷八，據《嘉興藏》38冊）

（31）龍門無宿客，爾獨愛休山。忍俊看雲幻，安心傍石頑。蕨肥克一缽，茆短縛三間。不逐春風暖，寒爐古廟間。（明《石雨禪師法檀》卷一四，據《嘉興藏》27冊）

（32）人皆欣玉戲，我且酌金罍。忍俊山肩聳，形容水部才。
（清‧斌良《冬月廿八日瑞雪盈尺因檢昌黎集中詠雪韻和之》）

例（20）「憐它梅柳，乍忍俊天街酥雨」，意思是憐惜那梅柳，怎麼忍受得了天街酥雨；例（21）「忍俊多時」，是說忍受克制了很久；例（22）「忍俊脫頤」，是說忍耐克制以致「脫頤」，醫書說受驚、受怕、受喜、受悲皆可致「脫頤」；例（23）「忍俊」的忍受克制義更明顯，以致「鼻裏出氣」；例（24）「忍俊還他烈丈夫」，典出《史記‧伍子胥列傳論》「隱忍就功名，非烈丈夫孰能致此哉」，「忍俊」對應「隱忍」；例（25）「潛形須忍俊」典出宋王讜《唐語林‧豪爽》「狡吏奸豪，潛形匿跡」，「忍俊」對應「匿跡」；例（26）「霜藤忍俊自相扶」是說「霜藤」忍受著寒冷霜凍（一種較為常見的氣象災害，使動植物受到損害，甚至死亡），而自相扶持；例（27）「忍俊讓讓」是忍受多嘴；例（28）「豈其人人忍俊」意思是，難道人人都能忍受；例（29）「余既不能破鏡，復為忍俊效顰」，意思是自己形醜，既然不能接受打破鏡子的做法，難道還能忍受東施效顰的做法；例（30）「忍俊看雲幻」，「忍俊」與「安心」對應，即靜下心來，聯繫前聯「龍門無宿客」，應該是忍耐克制孤寂的心情；例（31）「忍俊山肩聳」，典出宋蘇軾《贈寫真何秀才》詩「不見雪中騎驢孟浩然，皺眉吟詩肩聳山」，「忍俊」對應「皺眉吟詩」，「肩聳山」形容貧寒冷、貧窮與苦吟使詩人的肩胛聳起，聯繫全詩，「忍俊」即忍受寒冷貧窮艱辛等。

可見，「忍俊」與「忍俊不禁」意思恰恰相反。「忍俊不禁」是「忍俊」的否定，其否定的意思來源於「不禁」。「不禁」不是「不禁（jìn）止」，而是「禁（jīn）不住」。禁（jīn），抑制，忍住。但忍住的也都是本能。

第三，「忍俊韓盧」用例頗夥。

禪錄中用例最多的是「忍俊韓盧」（盧，或作「獹」，以下統作「盧」），如：

（33）陳大夫請上堂云：「有句無句，初無兩端。如藤倚樹，打作一片。樹倒藤枯，忍俊韓盧。呵呵大笑，金毛師子。若是鐵眼銅睛，當陽覷透，便可以把斷要津，不通凡聖，終不向他語言裏作窠窟，機境上受羅籠。」（宋《圓悟佛果禪師語錄》卷六，據《大正藏》47 冊）

（34）後面道，琉璃古殿照明月，忍俊韓盧空上階。此正頌這僧逐言語走。洞下有此石女、木馬、無底籃、夜明珠、死蛇等十八般，大綱只明正位。如月照琉璃古殿，似有圓影。洞山答道：「何不向無寒暑處去？」其僧一似韓盧逐塊，連忙上階，捉其月影相似。又問：「如何是無寒暑處？」山云：「寒時寒殺闍黎，熱時熱殺闍黎。」如韓盧逐塊走到階上，又卻不見月影。韓盧，乃出《戰國策》，云：「韓氏之盧，駿狗也；中山之兔，狡兔也。是其盧方能尋其兔。」雪竇引以喻這僧也。只如諸人，還識洞山為人處麼？良久云：「討甚兔子。」（宋《佛果圓悟禪師碧巖錄》卷五，據《大正藏》48 冊）

（35）未舉已前先薦得，從教節外又生枝。咬人師子全生殺，忍俊韓盧沒了期。未上對，也大奇，呵呵一笑少人知。（清《達變權禪師語錄》卷四，據《嘉興藏》29 冊）

（36）僧問：「古人道，諸佛不出世，祖師未西來，佛法遍天下，談玄口不開。既是佛法遍天下，為甚麼談玄口不開？」師云：「咶嘹舌頭三千里。」進云：「諸佛已出世，祖師既西來，支分派列，五葉聯輝，浩浩談玄，宗旨建立，為甚麼翻成途轍？」師云：「銅沙鑼裏滿盛油，忍俊韓盧空逐塊。」（清《神鼎雲外澤禪師語錄》卷四，據《嘉興藏》33 冊）

（37）討個分曉，未免迷繪失真，亡羊泣岐，轉行轉遠，愈指愈昏。果是絕流香象，幾肯作忍俊韓盧？的明第一義天，決不待縱橫文彩。（清《攖寧靜禪師語錄》卷六，據《嘉興藏》33 冊）

（38）不動尊分提不起，拍手相將笑而矣。飛龍早已上青天，忍俊韓盧尋不已。（清《逕庭宗禪師語錄》卷二，據《嘉興藏》40 冊）

（39）潭潭禁殿無人侍，忍俊韓盧空上階。（清《別牧純禪師語
錄》，據《嘉興藏》40 冊）

例（33）是拈提「疏山有句無句」禪宗公案，唐末僧疏山特地到福州溈
山參學大安的「有句無句，如藤倚樹」，並請問「忽遇樹倒藤枯，句歸何處」，
大安聞後，呵呵大笑而歸方丈，後被明招點破始悟，感歎溈山笑裏有刀。可
見「忍俊韓盧」，指疏山，「金毛師子」指溈山。後者是褒義，指修行圓熟、
機鋒俊烈的禪師，則前者應該是貶義，指修行尚淺、尋言逐句的學人。例
（34）對「忍俊韓盧」解釋得很明白，其義與「逐塊韓盧」「逐影韓盧」同，
都指參學者誤將言句知解及各種方便作略當成真實禪法而盲目追逐之。例
（35）「忍俊韓盧」與「咬人師子」相對，在禪錄中「咬人師子」又多與「逐
塊韓盧」相對，如《拈八方珠玉集》卷三：「好個咬人師子，翻成逐塊韓盧。」
（據《續藏經》67 冊）又如《磬山牧亭樸夫拙禪師語錄》卷一：「德山本欲
覓個咬人獅子，無奈者僧是個逐塊底韓盧。」（據《嘉興藏》40 冊）可見此
處「忍俊韓盧」亦與「逐塊韓盧」義同。例（36）「忍俊韓盧空逐塊」同「忍
俊韓盧空上階」，「逐塊」是追逐的是假的東西，「上階」是捉月影，追逐是
虛的東西，都為一場空。例（37）「忍俊韓盧」與「絕流香象」相對，後者
比喻悟道精深的禪師，前者則相反，指修行尚淺的學人。例（38）與例（35），
例（39）與例（34）大同小異。以上「忍俊韓盧」都與「逐塊韓盧」「韓盧空
上階」緊密相連。

我們可以由此來推測「忍俊韓盧」中「忍俊」的意思。從「忍俊韓盧」多
與「逐塊韓盧」「咬人獅子」相對看，「忍俊」應該是修飾「韓盧」的，而且
「俊」很有可能跟「塊」「人」等有關聯的東西。

「忍俊韓盧空上階」是禪錄中用得最多的句子。例（35）解釋得很明白，
「月照琉璃古殿」，似乎有一個圓圓的月影，韓盧「連忙上階，捉其月影」，
「走到階上，又卻不見月影」，所以是「空上階」。那韓盧為什麼要「捉其月
影」？原因很簡單，是因為月中有兔子，這在下文有提示：「是其盧方能尋其
兔」「討甚兔子」。日本江戶時代大休善遊《碧岩錄再吟》對這段文字就更清
楚地解釋說：「又見月中有物形似真兔，故而上階，卻不知其為月影故曰空。」
〔註73〕「忍俊韓盧空上階」，很明顯可以看出與「兔子」的關係，「忍」是「忍
受」的意思，「俊」的意義似乎呼之欲出。「俊」與「夋」「逡」通。《康熙字

---

〔註73〕〔日〕大休善遊：《碧岩錄再吟》，駒澤大學圖書館藏，1657 年，第 45 頁。

典‧子集中‧人字部》:「俊又與狻同。《戰國策》世無東郭俊,盧氏之狗。《注》
又作逡。」《中文大辭典》:「俊,與『狻』『逡』通。《戰國策‧齊策》:『東郭
逡者,海內之狡兔也。』注:『後章作俊。逡俊狻通用,狡兔名也。』」「忍俊
韓盧」即「忍逡韓盧」或「忍狻韓盧」,意思是能忍受兔子的韓盧。追逐兔子
是韓盧的本能,忍住追逐兔子的本能,只能「捉其月影」。

　　「逐塊韓盧」,或作「韓盧逐塊」,語出東漢支婁迦讖譯《佛說遺日摩尼
寶經》:「佛語迦葉言:『自求身事莫憂外事,後當來世比丘輩,譬如持塊擲狗,
狗但逐塊不逐人。』」(據《大正藏》12 冊)唐宋禪錄始用「韓盧」替代「犬」,
如《景德傳燈錄》卷一一:「供養主才坐,問云:『昨日米和尚有什麼言句,便
不得見?』王公曰:『師子咬人,韓盧逐塊。』米師竊聞此語,即省前謬。」
(據《大正藏》51 冊)咬人是獅子的本能,「逐塊」不是韓盧的本能,韓盧的
本能是逐兔。韓盧逐塊,也是因為忍住逐兔的本能。

　　禪宗「不立文字,直指心源,不踐階梯,徑登佛地」(《景德傳燈錄》楊億
序),強調直指人心,明心見性,見性成佛,即心即佛,當下識心見性,自識
本心,自見本性,反對隱藏內心,迷頭認影,尋言逐句,追求言句知解。韓盧
忍住天然的逐兔本能,逐塊捉影,比喻禪徒並無發自內心的真知灼見,「僅於
言句上詮解,或執著於事物之形跡、捕捉枝葉末節等,而欲了達事物之真相,
可謂徒勞無功」(《佛光大辭典》「韓盧逐塊」條解釋)。所以,「忍俊韓盧」同
「韓盧逐塊」「韓盧逐影」一樣,都是禪宗所反對的。

　　「忍俊韓盧」的「忍俊」,忍住的也是天然本能,只是專指「逐狻」(或
作「逐逡」「逐兔」)的本能。「忍俊」忍住的本能,或「忍俊不禁」沒忍住的
本能,應該都是從這裏擴展而來的。

　　第四、「忍俊韓盧」並非禪錄捏造。

　　「忍俊韓盧」也是有來歷的,不是隨意捏造出來。最早出自《戰國策》,
如:

　　　(40)齊欲伐魏,淳于髡謂齊王曰:「韓子盧者,天下之疾犬
　　也;東郭逡者,海內之狡兔也。韓子盧逐東郭逡,環山者三,騰山
　　者五,兔極於前犬,廢於後犬,兔俱罷,各死其處,田父見之,無
　　勞倦之苦,而擅其功。今齊魏久相持,以頓其兵,弊其眾,臣恐強
　　秦大楚承其後,有田父之功。」齊王懼,謝將休士也。(《戰國策》
　　卷一〇)

「韓盧逐逡」「犬兔俱斃」「田父之功」「東郭逡」「韓子盧」「韓盧」等用典都來自這裏。其實這個故事用意是為了避免「犬兔俱斃」的局面，勸說齊國（韓盧）容忍魏國（逡），即「韓盧忍逡」，「逡」與「俊」通，上文已經指出。

《漢書》裏也有韓盧容忍兔子的例子，如：

（41）是時張敞為京兆尹，素與延年善。敞治雖嚴，然尚頗有縱舍，聞延年用刑刻急，乃以書諭之曰：「昔韓盧之取菟也，上觀下獲，不甚多殺。願次卿少緩誅罰，思行此術。」延年報曰：「河南天下喉咽，二周餘斃，莠（甚）〔盛〕苗穢，何可不鉏也？」自矜伐其能，終不衰止。（《漢書》卷九〇《酷吏傳》）

這裏可見，韓盧對兔子不願意斬草除根，總不忍心多殺。唐宋禪錄著作用典不同於世俗文獻，有自己的特點，多見反其意而用之。

第五，再來考唐代「忍俊不禁」例。

現在能找到最早的「忍俊不禁」例是在唐代。如：

（42）大凡人事，莫若自知，足下去年忍雋不禁，求榮頗切，暫奮橫行之氣，果成順守之權。（清陸心源《唐文拾遺》卷一六《答徐州時溥書》）

（43）祠部呼為冰廳，言其清且冷也。尚書省二十四司印，故事悉納直廳。每郎官交直時，吏人懸之於臂以相授，頗覺為煩。楊虔州虞卿任吏部員外郎，始置櫃加鐍以貯之，人以為便，至今不改。櫃初成，周戎時為吏部郎中，大書其上，戲作考詞狀：「當有千有萬，忍俊不禁。考上下。」（唐趙璘《因話錄》卷五）

例（42）是《答徐州時溥書》的作者唐代崔致遠，批評徐州時溥沒有忍住私心和權力欲望。例（43）有學者解釋說，「意思是說（放官印）的櫃子剛剛做成的時候，當時周戎為吏部郎中，他模擬考詞狀的語氣，揮筆在櫃子上寫道：『會有成千上萬的人來窺視你，並且暗自發笑，探索你的上下。』」〔註74〕這樣的解釋，一是沒弄明白「忍俊不禁」最初並無發笑的意思，二是沒弄明白文中「考詞」的意思，考詞是古代考核官吏成績的評語。這裏周戎將放官印的櫃子當作被考查的官員，說其經受了千千萬萬既清且冷的考驗（指鎖在櫃子裏），最終還是忍不住了（指打開櫃子），所以只能給你打個「上下」

---

〔註74〕李微微：《古文化常識速讀本·國學小書院》，中國華僑出版社，2016年，第300頁。

等級。唐代官吏考核分為三等九級，即上、中、下三等，上上，上中，上下，中上、中中、中下、下上、下中、下下九個級別。明天啟六年刻本以及清文淵閣《四庫全書》本《類說》卷一四「冰廳」條引《因話錄》作：「戲作考詞狀：『有千忍萬忍後不禁。考上下。』」意思更為顯豁。

可見，「俊」與「㕙」「逡」通，表「兔子」的意義似乎只在禪宗「忍俊韓盧」用典中還留存。唐代時「忍俊不禁」的「俊」的詞義也已經擴大，指各種本能。但似乎還留有痕跡，從「俊」寫作「雋」依稀可以看出些許蛛絲馬跡。「雋」與「俊」通，史書常見。但這裏「忍俊不禁」的「俊」作「雋」，很有可能是作者想到想到「㕙」「逡」而造成的。因為「雋」的本義指「鳥肉肥美」。《說文‧隹部》：「雋，肥肉也。」段注本依《廣韻》作「鳥肥也。」後泛指肥美之肉，美味。宋周密《癸辛雜識續集‧駝峰》：「駝峰之雋，列於八珍。」宋周去非《嶺外代答‧禽獸‧象》：「人殺一象，眾飽其肉，惟鼻肉最美，爛而納諸糟邱片腐之，食物之一雋也。」忍雋不禁，即忍不住兔子肉的肥美味。「雋」字也有解釋為「㕙」「狡兔」的例子，如：

> （44）韓之盧，猛捷世所無，利口疾足逢時需，豢以糠粃飼以餘，感激意氣心力輸。平原八月秋草枯，呼哧詭遇當前驅。東郭之㕙衣褐徒，食邑卯地承其初。爾祖於戌封時俱，不侵不暴穴以居。爾窮其蹄禽焉俘，盡室纍纍恣所屠，逞心得雋名欲沽。（元賴良輯、元楊維楨評點《大雅集》卷三）

例（44）「得雋」即捉到狡兔。「雋」，仇春霖〔註75〕、袁暉〔註76〕都釋為「狡兔」。當然解釋為「美味」，也通。

總結一下：「忍俊不禁」最早可追溯到《戰國策》「逐㕙（逡）韓盧」用典，《戰國策》「㕙」「逡」或寫作「俊」，《戰國策》「逐㕙（逡俊）」用典目的，其實是勸勉齊國不要「逐㕙（逡俊）」，而是要「忍㕙（逡俊）」，唐宋禪宗文獻從此一方面理解作「忍俊韓盧」，並賦予新義。所以這裏的「俊」的本義應該「兔子」。「逐兔」是韓盧的本能，「忍俊」即是忍住逐兔的本能。人的本能複雜多樣，「忍俊」詞義擴大，引申為忍住各種本能。清代中後期至民國初期（我們基本上同意《辨》文的說法，「忍俊不禁」專門表示「忍不住笑」的意義，最早見於此時期），隨著「忍俊不禁」的「忍不住笑」義用例增多，特別是各種

〔註75〕仇春霖：《古代中國寓言大系》（第3卷），山西教育出版社，1994年，第26頁。
〔註76〕袁暉：《歷代寓言‧宋金元卷》，中國青年出版社，2011年，第295頁。

辭書將「俊」理解為「笑」的錯誤解釋,「忍俊不禁」意義開始專門化,只表示「忍不住笑」。漢語詞彙史上,詞語演變從詞義擴大,再到專化的例子頗多。

日本江戶時代對禪錄方俗虛詞的研究做出了巨大貢獻,不少方俗虛詞考釋江戶時代都有考釋,以下疑難虛詞也是在江戶時代釋義的基礎上,所做出的進一步的研究。

## 八、好不〔註77〕

關於「好不」肯定式出現的時間,袁賓發表了《近代漢語「好不」考》〔註78〕和《「好不」續考》〔註79〕兩篇論文,認為是明代下半葉即十六世紀;何金松則認為「至遲在十四世紀元代口語中便已產生」〔註80〕;曹澂明認為何金松所舉例證皆為元曲賓白,皆為明代人所加〔註81〕;曹小雲認為金朝滅亡(1234)之前成書的《五代史平話》中已有肯定式「好不」用例出現〔註82〕;孟慶章認為「南宋末年即西元十三世紀時已經出現」〔註83〕。經過眾多學者的考察,「好不」肯定式出現的時間最早追溯到了南宋末年。不過,最近何小宛指出孟文兩例中「歸好不知行路難」中根本不存在「好不」一詞,應讀作「歸好、不知行路難」,並認為孟文另一例「好不著便」的「好不」也不是肯定式用法〔註84〕。「南宋末年」之說,又引起了懷疑。我們認為「好不」肯定式用法出現於南宋末年還是可以確證的。不妨先看孟慶章所舉的「好不著便」例:

　　(1)遂寧府香山尼佛通禪師,因誦蓮經有省。往見石門,乃曰:「成都吃不得也,遂寧吃不得也。」門拈拄杖打出,通忽悟曰:「榮者自榮,謝者自謝。秋露春風,好不著便。」門拂袖歸方丈,師亦不顧而出。由此道俗景從,得法者眾。」(《五燈會元》卷一四,尼佛通禪師)

〔註77〕此文考釋,原發表於《漢語史學報》2015年第15輯,第199～204頁,原題為《近代漢語幾個語法問題考辨》,略有改動。

〔註78〕袁賓:《近代漢語「好不」考》,《中國語文》,1984年第3期。

〔註79〕袁賓:《「好不」續考》,《中國語文》,1987年第2期。

〔註80〕何金松:《肯定式「好不」產生的時代》,《中國語文》,1990年第5期。

〔註81〕曹澂明:《〈肯定式「好不」產生的時代〉質疑》,《中國語文》,1992年第1期。

〔註82〕曹小雲:《〈五代史平話〉中已有肯定式「好不」用例》,《中國語文》,1996年第1期。

〔註83〕孟慶章:《「好不」肯定式出現時間新證》,《中國語文》,1996年第2期。

〔註84〕何小宛:《禪錄詞語釋義商補》,《中國語文》,2009年第3期。

首先，何文認為「不著便」是個唐代口語詞，並舉多例為證，似乎不承認「不著便」是「著便」的否定用法，恐怕不符合客觀事實。唐宋文獻中諸如「今日著便」「為什麼著便」「異同著便」「彼此著便」「一時著便」「各自著便」的例子頗為多見。如：

（2）師一日從方丈出，有僧過拄杖與師，師接得卻過與僧，僧無語。師云：「我今日著便。」僧云：「和尚為什麼著便？」師云：「我拾得口吃飯。」（《雲門匡真禪師廣錄》卷下，據《大正藏》47 冊）

（3）師上堂，良久，云：「總似今日，彼此著便，彼此不著便？還辨得麼？若辨得，目視雲霄；若辨不得，一日了一日。久立，珍重！」（《天聖廣燈錄卷》卷二五，據《續藏經》78 冊）

（4）師以拂子擊之，復曰：「更有問話者麼？如無，彼此著便。」（《五燈會元》卷一四，投子義青禪師）

（5）首白槌了，師乃云：「便與麼觀得，一時著便；若論玄微，見與不見一時戳瞎。」（《古尊宿語錄》卷一九，據《續藏經》68 冊）

（6）上堂：「我於先師一掌下，伎倆俱盡，覓個開口處不可得。如今還有恁麼快活不徹底漢麼？若無，銜鐵負鞍，各自著便。」（《五燈會元》卷一四，真歇清了禪師）

日本室町江戶時代期的釋義著作，也有解釋，如：

（7）△今生不著便：忠曰：憤一生涯修行不得便空也。其不得便之狀，如下所云，皆被同行帶累也。（龍華院藏《五家正宗贊助桀》寫本）

（8）著便，言若非透徹，卻墮異類中，得其便宜也。（龍光院藏《五燈拔萃》寫本）

日本室町江戶時代期的釋義著作「不著便」「著便」皆有解釋。現在《唐五代語言詞典》〔註85〕《漢語大詞典訂補》〔註86〕《禪籍方俗詞研究》〔註87〕都立有「著便」條。「不著便」是「著便」的否定用法應該沒什麼疑問。

〔註85〕江藍生、曹廣順：《唐五代語言詞典》，上海教育出版社，1997 年，第 459 頁。
〔註86〕漢語大詞典編纂處：《漢語大詞典訂補》，上海辭書出版社，2010 年，第 1069 頁。
〔註87〕雷漢卿：《禪籍方俗詞研究》，巴蜀書社，2010 年，第 444 頁。

其次，何文認為佛通禪師的悟道偈「大意謂悟者乃自心悟；自心以外的
種種修行門徑（用『秋露春風』為喻），都是很不契合禪法的」，其將草木「榮
謝」這一自然更替現象理解為正面的「心悟」，卻將同是自然更替現象的「秋
露春風」理解為反面的「自心以外的種種修行門徑」，似乎讓人難以理解。

其實「榮者自榮，謝者自謝」是拈提唐代藥山惟儼禪師的一則公案：

> （9）道吾、雲岩侍立次，師指按山上枯榮二樹問道吾曰：「枯
> 者是，榮者是？」吾曰：「榮者是。」師曰：「灼然一切處光明燦爛
> 去。」又問雲岩：「枯者是，榮者是？」岩曰：「枯者是。」師曰：
> 「灼然一切處放教枯淡去。」高沙彌忽至，師曰：「枯者是，榮者
> 是？」彌曰：「枯者從他枯，榮者從他榮。」（《五燈會元》卷五，藥
> 山惟儼禪師）

顯然，其表達的意思是要順應自然，應時應節，萬事隨緣。這在後世拈
頌中表達得更明白，有詩為證：

> （10）雲岩寂寂無窠臼，燦爛宗風是道吾。深信高禪知此意，閑
> 行閑坐任榮枯。（《禪宗頌古聯珠通集》卷一四，據《續藏經》65 冊）

> （11）萬緣放下任枯榮，應節隨時物外情。（《普明香嚴禪師語
> 錄》卷一，據《嘉興藏》38 冊）

跟草木「枯榮」相關聯的「秋露春風」則比喻時節因緣成熟。如：

> （12）如春風秋露，時節因緣，自然成熟，不可強也。（《宗統
> 編年》卷二三，據《續藏經》86 冊）

不僅如此，禪錄中「春」「秋」相連的短語都有比喻時節因緣成熟的意思。
如：

> （13）春松秋菊順時節，蓋地蓋天現鏡空。（《永平元和尚頌古》，
> 據《大正藏》82 冊）

> （14）時節因緣誰愛憎，春松秋菊任騰騰。（《義雲和尚語錄》
> 卷上，據《大正藏》82 冊）

> （15）如春蘭秋菊，社燕賓鴻等，各因其時。（《華嚴原人論解》
> 卷上，據《續藏經》58 冊）

> （16）忽然一日時節到來，或遇因緣觸發，心目方得開悟。古
> 云：「是花各有開時節，春蘭秋菊不同途。」（《皇明名僧輯略》卷一，
> 據《續藏經》86 冊）

（17）春蘭秋菊不失其時，岸柳江梅各得其所。（《雲溪俍亭挺

禪師語錄》卷一六，據《嘉興藏》33 冊）

南宗禪強調頓悟，時節因緣成熟，自然明心見性，直了成佛。禪錄裏到
處都顯耀著這種思想，如：

（18）欲識佛性義，當觀時節因緣，時節既至，如迷忽悟，如

忘忽憶，方省己物不從他得。（《五燈會元》卷九，溈山靈祐禪師）

（19）時節因緣到來，自然築著磕著，噴地省去耳。（《大慧普

覺禪師書》卷二五，據《大正藏》47 冊）

只要時節因緣成熟，就如上面例中所說，「築著磕著」也會悟道。佛通禪
師在被石門禪師無厘頭的「拈拄杖打出」中悟道，也正是這種情況。她在悟
道偈中表達的正是她所領悟了禪的真諦以及悟道後的欣喜之情：原來佛法一
切現成，無需刻意尋覓，只要順應自然，萬事隨緣；一旦時節因緣成熟，那該
多麼幸運啊！「好不著便」無疑就是多麼著便、很著便的意思。

蔣紹愚、曹廣順也說孟慶章文中「《五燈會元》例確像是肯定式」〔註88〕，
從上面的分析看來，蔣紹愚、曹廣順的推測應該是正確的。

同時代「好不」肯定式用法的其他實際例子也是存在的〔註89〕，曹小雲
（1996）所舉的十三世紀初年成書的《新編五代史平話》「好不」例，其為肯
定式用法，學界似乎沒有異議：

（20）當日劉知遠與三娘子成親之後，怎知他三娘子兩個哥哥

名做李洪信、李洪義的，終日肚悶，背後道：「咱爺娘得恁地無見

識！將個妹妹嫁與一個事馬的驅口，教咱弟兄好不羞了面皮。

《明刻話本四種》裏的《李亞仙》和《王魁》一般都認為是的宋人話本
〔註90〕。下面幾例，無疑也是肯定式：

〔註88〕蔣紹愚、曹廣順：《近代漢語語法史研究綜述》，商務印書館，2005 年，第 138
頁。

〔註89〕感謝《漢語史學報》雜誌匿名審稿專家提出再補充同時代「好不」肯定式用
法的實際例子的意見。以下幾例是尊匿名審稿專家意見補出，錯誤之處仍由
本人負責。

〔註90〕路工、譚天（《古本平話小說集》，人民文學出版社，1984 年第 63 頁）認為
《李亞仙》為宋元間話本，《王魁》為宋人話本。歐陽健和蕭相愷（《宋元小
說話本集》，中州古籍出版社，1987 年第 344 頁）、歐陽代發（《話本小說史》，
武漢出版社，1994 年，第 80 頁）、田漢雲（《神妖怪事——中國古代神魔小
說精品選》，江蘇古籍出版社，1996 年，第 1 頁）、陳桂聲（《話本敘錄》，珠

（21）好也，你看這風流公子、大嫖客下場頭，結局好受用哩！好快活哩！這個所在好不貴著，鄭元和費了數千銀子，才買得那屋簷下安身哩！（《明刻話本四種・李亞仙》）

（22）是日，眾道士齊集在壇前，吹的吹，打的打，好不熱鬧。（《明刻話本四種・王魁》）

（23）王魁父母妻兒好不淒慘。寮友聞知，都來探喪吊奠。（《明刻話本四種・王魁》）

---

海出版社，2001 年，第 80、91 頁）、張兵（《話本小說簡史》，山西人民出版社，2005 年第 25、55 頁）都有類似觀點。胡士瑩（《話本小說概論》，中華書局，1980 年第 332、515 頁）認為《王魁》為宋人話本，而《李亞仙》因其中「鄭元和之名晚出」，當為明人話本。然晚出之說無據，歐陽代發說「《醉翁談錄》癸集卷一『不負心類』即有『李亞仙不負鄭元和』，說明鄭元和之名已見於宋」；歐陽健和蕭相愷說「鄭元和之名，高文秀雜劇《鄭元和風雪打瓦罐》中已見」，都力證《李亞仙》也是宋人作品。

# 參考文獻

## 一、古籍原典

1. 《春秋左傳注》，中華書局，1981 年版。

2. 《漢書》中華書局，1983 年版。

3. 《淮南子》，中華書局，2009 年。

4. 《黃帝內經》，吉林人民出版社，2005 年。

5. 《金樓子》，中華書局，1985 年。

6. 《李太白全集》，中華書局，1998 年。

7. 《論語》，中華書局，1980 年版。

8. 《孟子》，中華書局，1980 年版。

9. 《農書》，中華書局，1956 年。

10. 《全上古三代秦漢三國六朝文》，中華書局，1958 年版。

11. 《全唐詩》，中華書局，2008 年。

12. 《三才圖會》，江蘇廣陵古籍刻印社，1987 年。

13. 《尚書》，中華書局，1980 年版。

14. 《詩經》，中華書局，1980 年版。

15. 《史記》中華書局，1982 年版。

16. 《太平經合校》，中華書局，2001 年版。

17. 《戰國策》上海古籍出版社，1985 年版。

18. 《莊子集解》，中華書局，1978 年。

19.《古今圖書集成》

20.《四部叢刊》

21.《四庫全書》

22.《永樂大典》

23.《大正藏》

24.《續藏經》

25.《嘉興藏》

## 二、字書、辭書、工具書

1.《爾雅》，中華書局，1985 年。

2.《方言》，中華書局，1985 年。

3.《佛光大辭典》，佛光文化事業有限公司，1988 年。

4.《廣韻》，商務印書館，1931 年。

5.《漢語成語詞典》，中共中央黨校出版社，2002 年。

6.《漢語大詞典》，漢語大詞典出版社，2001 年。

7.《漢語大詞典訂補》，上海辭書出版社，2010 年。

8.《漢語大字典》，湖北長江出版集團、崇文書局、四川出版集團、四川辭書出版社，2010 年。

9.《故訓匯纂》，商務印書館，2003 年。

10.《康熙字典》，中華書局，1958 年。

11.《釋名》，中華書局，1985 年。

12.《說文解字》，中華書局，2009 年。

13.《正字通》，上海古籍出版社，1996 年。

14.《中華成語詞典》，中華書局，2004 年。

15.《中文大辭典》，中國文化研究所，1974 年。

16.《字彙》，上海辭書出版社，1991 年。

17. 程志強：《中華成語大詞典》，中國大百科全書出版社，2003 年。

18. 凡癡居士等主編：《佛學辭書集成》，汕頭大學出版社，1996 年。

19. 古賀英彥：《禪語詞典》，東京：思文閣出版。

20. 江藍生、曹廣順：《唐五代語言詞典》，上海教育出版社，1997 年。

21. 駒澤大學禪學大辭典編纂所編：新版《禪學大辭典》，日本：大修館書店，1985 年。

22. 李一華、呂德中：《漢語成語詞典》，四川辭書出版社 1985 年。

23. 李振瀾、王樹英：《外國風俗事典》，四川辭書出版社，1989 年。

24. 劉德有、馬興國主編：《中日文化交流事典》，遼寧教育出版社，1992 年。

25. 劉堅、江藍生、白國維、曹廣順：《近代漢語虛詞研究》，語文出版社，1992 年。

26. 山田孝道：《禪宗辭典》，光融館，1915 年

27. 山田孝道：《禪宗辭典》，日本：國書刊行會，1974 年。

28. 宋一夫：《大藏經索引》，吉林文史出版社，1987 年。

29. 孫維張主編：《佛源語詞詞典》，語文出版社，2007 年。

30. 伍宗文：《新世紀漢語成語詞典》，四川辭書出版社，2006 年。

31. 蕭灼如：《漢語成語組群詞典》，青島海洋大學出版社，1995 年。

32. 小野玄妙：《佛書解說大辭典》，日本：株式會社、大東出版社，1933 年。

33. 袁賓、康健：《禪宗大詞典》，崇文書局，2010 年。

34. 袁賓：《禪宗詞典》，湖北人民出版社，1994 年。

35. 袁賓：《宋語言詞典》，上海教育出版社，1997 年。

## 三、日本寫本刊本

1.〔日〕大休善遊：《碧岩錄再吟》，駒澤大學圖書館藏，1657 年。

2.〔日〕大智實統：《碧岩錄種電鈔》，花園大學國際禪學研究所藏，江戶時代寫本。

3.〔日〕荻原雲來：《漢譯對照梵和大辭典》，臺灣：新文豐出版社，1979 年。

4.〔日〕二玄社編：《大書源》，二玄社，2007 年。

5.〔日〕岡田自適：《臨濟錄贅辯》，柳田文庫，1925 年。

6.〔日〕耕雲子：《臨濟錄摘葉抄》，柳田文庫.1698 年。

7.〔日〕古帆周信：《臨濟錄密參請益錄》，柳田文庫，1570～1641 年。

8.〔日〕古賀英彥：《禪語詞典》，思文閣出版，1992 年。

9. 〔日〕桂洲道倫、湛堂令椿、大藏院主：《諸錄俗語解》，大藏院藏，江戶時代寫本。

10. 〔日〕夾山：《臨濟錄夾山鈔》，柳田文庫，1654 年。

11. 〔日〕景聰興勖：《碧岩集景聰臆斷》，清泰寺藏，元祿 2 年寫本。

12. 〔日〕駒澤大學禪宗史研究會：《慧能研究》，日本：大修館書店，1978 年。

13. 〔日〕岐陽方秀：《碧岩錄不二抄》，禪文化研究所藏，慶安三年刊刻本。

14. 〔日〕岐陽方秀（1361～1424）注《碧巖錄不二鈔》，慶安 34 年（1650）刊本，禪文化研究所 1993 年影印本，第 217 頁。

15. 〔日〕山田龍城：《許洋主譯.梵語佛典導論》，臺灣：華宇出版社，1988 年。

16. 〔日〕山田孝道：《禪宗辭典》，日本：光融館，1915 年。

17. 〔日〕實統注《碧岩錄種電鈔》，元文 4 年（1739）刊本，花園大學國際禪學研究所藏。

18. 〔日〕太田辰夫著、江藍生、白維國譯：《漢語史通考》，重慶：重慶出版社，1991 年。

19. 〔日〕鐵崖道空：《臨濟錄撮要鈔》，柳田文庫，1691 年。

20. 〔日〕萬安英種：《臨濟錄萬安抄》，柳田文庫，1632 年。

21. 〔日〕無著道忠：《禪林象器箋》，中華全國圖書館文獻縮微複製中心，1996 年。

22. 〔日〕無著道忠：《禪林方語》，禪文化研究所藏，無著道忠自寫本。

23. 〔日〕無著道忠：《禪語辭書類聚‧禪林方語》，禪文化研究所，1991 年。

24. 〔日〕無著道忠：《大慧普覺禪師書栲栳珠》，龍華院藏，1729 年。

25. 〔日〕無著道忠：《葛藤語箋》，春光院藏，1744 年。

26. 〔日〕無著道忠：《臨濟慧照禪師語錄疏瀹》，春光院，1726 年。

27. 〔日〕無著道忠：《五家正宗贊助桀》（附索引），禪文化研究所，1991 年。

28. 〔日〕無著道忠：《五家正宗贊助桀》（附索引），日本：禪文化研究所，1991 年。

29. 〔日〕無著道忠：《虛堂錄犁耕》，龍華院藏，1727 年。

30. 〔日〕無著道忠：《虛堂錄犁耕》，禪文化研究所，1990 年。

## 四、其他著作與論文

1. （宋）普濟輯，蔣宗福、李海霞譯：《〈五燈會元〉白話全譯》（上冊），西南師範大學出版社，1997 年。

2. 蔡振豐、魏千鈞、李忠達校注：《藥地炮莊校注》，台大出版中心，2017 年。

3. 曹澂明：《〈肯定式「好不」產生的時代〉質疑》，《中國語文》，1992 年第 1 期。

4. 曹小雲：《〈五代史平話〉中已有肯定式「好不」用例》，《中國語文》，1996 年第 1 期。

5. 常曉帆：《實用成語詞典》，知識出版社，1984 年。

6. 程志強：《中華成語大詞典》，中國大百科全書出版社，2003 年。

7. 仇春霖：《古代中國寓言大系》（第 3 卷），山西教育出版社，1994 年。

8. 闞緒良：《〈五燈會元〉虛詞研究》，浙江大學博士學位論文，2003 年。

9. 何金松：《肯定式「好不」產生的時代》，《中國語文》，1990 年第 5 期。

10. 何小宛：《禪錄詞語釋義商補》，《中國語文》，2009 年第 3 期。

11. 何小宛：《禪錄詞語釋義商補》，《中國語文》，2009 年第 3 期。

12. 侯精一、溫端政：《山西方言調查研究報告》，山西高校聯合出版社，1993 年。

13. 江藍生、曹廣順：《唐五代語言詞典》，上海教育出版社，1997 年。

14. 蔣紹愚、曹廣順：《近代漢語語法史研究綜述》，商務印書館，2005 年。

15. 雷漢卿、李家傲：《「忍俊不禁」考辨》，《古漢語研究》，2019 年第 3 期。

16. 雷漢卿、馬建東：《禪籍詞語選釋》，《天水師範學院學報》，2005 年第 6 期。

17. 雷漢卿、馬建東：《禪籍詞語選釋》，《天水師範學院學報》，2005 年第 6 期。

18. 雷漢卿、王長林：《禪宗文獻語言論考》，上海教育出版社，2018 年。

19. 雷漢卿：《〈臨濟錄疏瀹〉獻疑》，《漢語史研究集刊》，2016 年第 21 輯。

20. 雷漢卿：《禪籍方俗詞研究》，巴蜀書社，2010 年。

21. 雷漢卿：《語文醉書詞語釋義商補》，《漢語史研究集刊》第十三輯，巴蜀書社，2010 年。

22. 李藍：《方言比較、區域方言史與方言分區——以晉語分音詞和福州切腳詞為例》，《方言》第 1 期。

23. 李微微：《古文化常識速讀本·國學小書院》，中國華僑出版社，2016 年。

24. 李豔琴、郭淑偉、嚴紅彥校讀：《〈祖堂集〉〈五燈會元〉校讀》，巴蜀書社，2011 年。

25. 李一華、呂德中：《漢語成語詞典》，四川辭書出版社 1985 年。

26. 李振瀾、王樹英：《外國風俗事典》，四川辭書出版社，1989 年。

27. 劉瑞明：《禪籍詞語校釋的再討論》，《俗語言研究》，1996 年第 3 輯。

28. 魯歌等：《漢語常用成語手冊》，內蒙古人民出版社，1978 年。

29. 陸游：《老學庵筆記》，中華書局，1979 年。

30. 馬倡儀：《中國靈魂信仰》，上海文藝出版社，2000 年。

31. 馬冬梅：《析虞模與尤侯韻的擬音》，《漢字文化》，2019 年第 21 期。

32. 孟慶章：《「好不」肯定式出現時間新證》，《中國語文》，1996 年第 2 期。

33. 明堯、明潔：《禪宗大德悟道因緣薈萃》（下），河北禪學研究所，2003 年。

34. 商務印書館編輯部編：《辭源》（第 2 冊），商務印書館，1980 年。

35. 商務印書館修訂：《漢語成語小詞典》，商務印書館，2001 年。

36. 尚之煜釋讀：《〈人天眼目〉釋讀》，上海古籍出版社，2015 年。

37. 滕志賢：《〈五燈會元〉詞語考釋》，《俗語言研究》，1995 年第 2 輯。

38. 王克明：《聽見古代——陝北話裏的文化遺產》，中華書局，2007 年。

39. 王力：《王力文集》第 19 卷，山東教育出版社，1990 年。

40. 王閏吉：《〈祖堂集〉語言問題研究》，中國社會科學出版社，2012 年。

41. 吳孟復：《訓詁通論》，安徽教育出版社，1983 年。

42. 伍宗文：《新世紀漢語成語詞典》，四川辭書出版社，2006 年。

43. 項楚：《〈五燈會元〉點校獻疑三百例》，《著名中年語言學家自選集·項楚卷》，安徽教育出版社，2002 年。

44. 項楚：《王梵志詩校注》，上海古籍出版社，1991 年。

45. 邢向東：《神木方言研究》，中華書局，2002 年。

46. 徐紅、張春泉：《黃侃〈薪春語〉音系同音字彙》，湖北師範學院學報（哲學社會科學），1998 年第 5 期。

47. 俞長江、張念安、王書良:《中華典故全書》,中國國際廣播出版社,1994年。

48. 袁賓:《「好不」續考》,《中國語文》,1987年第2期。

49. 袁賓:《近代漢語「好不」考》,《中國語文》,1984年第3期。

50. 袁暉:《歷代寓言·宋金元卷》,中國青年出版社,2011年。

51. 中華文化復興運動推行委員會、國立編譯館中華叢書編審委員會主編,賴炎元注譯:《韓詩外傳今注今譯》,商務印書館,1979年。